Grammar **joy**1

Start

저자 **이 종 저**

이화여자대학교 졸업
Longman Grammar Joy 1, 2, 3, 4권
Longman Vocabulary Mentor Joy 1, 2, 3권
I am Grammar 1, 2권
Grammar & Writing Level A 1, 2권 / Level B 1, 2권
Polybooks Grammar joy start 1, 2, 3, 4권
Polybooks Grammar joy 1, 2, 3, 4권
Polybooks 기본을 잡아주는 중등 영문법 1a,1b,2a,2b,3a,3b권
Polybooks 문법을 잡아주는 영작 1, 2, 3, 4권
Polybooks Grammar joy & Writing 1, 2, 3, 4권
Polybooks Bridging 초등 Voca 1, 2권
Polybooks Joy 초등 Voca 1, 2권

감수 **Jeanette Lee**

Wellesley college 졸업

지은이 | 이종저
펴낸곳 | POLY books
펴낸이 | POLY 영어 교재 연구소
기 획 | 박정원
편집디자인 | 이은경
삽화 | 이수진
초판 1쇄 인쇄 | 2015년 4월 25일
초판 20쇄 발행 | 2022년 3월 30일

POLY 영어 교재 연구소

경기도 성남시 분당구 황새울로 200번길 28 1128호
전화 070-7799-1583
ISBN | 979-11-86924-29-7
        979-11-86924-28-0(set)

Grammar joy 1

Start

Preface

그 동안 Grammar Mentor Joy에 보내 주신 아낌없는 사랑과 관심에 힘입어 저자가 직접 Grammar Joy Start 시리즈의 개정판을 출간하게 되었습니다. 이에 더욱 학생들의 효과적인 학습에 도움이 되도록 더 많은 관심과 정성으로 교재를 개발하게 되었습니다.

영어는 4가지 영역(듣기, 말하기, 읽기, 쓰기)과 문법이 고르게 학습되어야 한다고 생각합니다. 어느 하나도 놓칠 수 없는 언어의 영역들이기 때문입니다. 말하기, 듣기에 치중하던 어린 학생들도 영어의 구조를 알게 되면 영어를 더 잘 이해할 수 있으므로, Grammar Joy 시리즈를 공부하는 학생들보다 더 어린 학생들도 Grammar를 학습하기를 원하고 있습니다.

본 교재는 본인이 현장 경험을 바탕으로 학습하는 학생들의 눈높이에 초점을 맞추어 만들었습니다. 특히 이번 개정판에서는 좀 더 난이도를 낮추어 처음 grammar를 접하는 학생들에게 부담없이 즐거운 학습이 되도록 체계적으로 정리하였습니다.

첫째, 어린 학생들에게 알맞은 단어를 선정했습니다. 학생들은 문장 중에 어려운 단어가 많으면 학습하고자 하는 문법 내용에 치중하지 못하고 싫증을 내고 맙니다.

둘째, 학생들에게 시각적으로 인지가 쉽도록 문제 유형을 다양하게 만들었습니다. 특히 학년이 낮을수록 시각적인 인지가 빠르고 예민합니다. 따라서 학생들이 pattern별로 가볍게 접근하도록, Grammar를 친근한 수학공식처럼 단순화시켜 익히도록 했습니다.

셋째, 이미 학습한 grammar는 3~4 개의 unit을 공부한 후 Review test를 통해 다져질 수 있도록 했습니다.

넷째, 본 교재는 저자가 직접 집필하고 출판하는 만큼 문제의 흐름과 유형 하나 하나가 학생들의 편안하고 흥미로운 학습이 될 수 있도록 고려하였습니다.

다섯째, Grammar Joy 시리즈의 하위 단계로서 상위 단계인 Grammar Joy와 기본을 잡아주는 중등 영문법 (Grammar Joy Plus)을 공부하기 위한 단단한 초석이 됩니다.

모든 학생들이 그렇지만 특히 어린 학생들은 교재를 선택할 때 쉬운 교재로 시작해야 합니다. 그리고 교재내용은 30~50%는 이미 알고 있는 내용에 배워야 할 새로운 내용이 덧붙여져야 한다고 봅니다. 이러한 학습은 이미 배운 내용을 복습하면서 새로운 내용을 학습하는 나선형 구조의 학습이 되므로, 학생들이 최종 목표인 Grammar Joy와 기본을 잡아주는 중등 영문법(Grammar Joy Plus)를 훨씬 배우기 쉽고 재미있는 공부하도록 해 줄 것입니다. 그리고 동일한 저자가 쓴 같은 시리즈로 연계하여 공부하게 되면, 하위 단계부터 상위 단계까지 전체의 흐름을 가지고 구성하게 되므로, 무리하고 비효율적인 중복을 피할 수 있고, 체계적인 반복과 학습으로 탁월한 학습효과를 얻을 수 있습니다.

아무쪼록 이제 grammar의 첫 발을 내딛는 여러분이 최종 목적지까지 즐겁고 보람 있는 여행이 되길 바랍니다.

그동안 이번 시리즈를 출간하느라 함께 이해하며 동행해 주었던 이은경님께 아울러 감사드립니다.

저자 이종저

Contents

Joy Start 2 Series Contents

Guide to This Book

1 Unit별 핵심정리

초등학교 저학년 학생들에게 꼭 필요한 핵심적
인 문법을 제시하여 쉽게 이해할 수 있도록 하
였습니다.

2 Warm Up

Unit에서 다룬 핵심 내용에 대해 간단하게 확
인 체크할 수 있는 문제형태로 Grammar 개념
에 대한 이해 여부를 문제를 풀어 보면서 연습
할 수 있도록 하였습니다.

3 기초 다지기

학습한 Grammar의 내용을 다양한 형태의 기
초적인 문제로 제시하여 앞에서 배운 내용을
복습할 수 있도록 하였습니다.

4 꼭꼭 다지기

기초 꼭 다지기의 확장된 문제로, 제시된 문제
들을 풀어 보면서 문법 개념을 확실히 확인하
고 이해할 수 있도록 하였습니다.

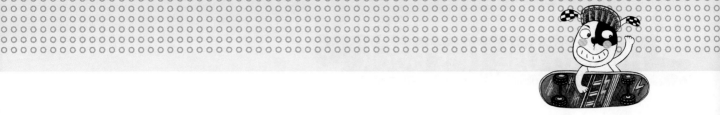

5 실력 다지기

각 Unit에서 가장 심화된 형태의 문제로, 문법 개념이 적용된 문제를 풀면서 응용력을 동시에 익힐 수 있도록 하였습니다.

6 Review Test

앞서 배운 Unit들을 다시 한 번 테스트 함으로써 이미 학습한 내용을 확실하게 다질 수 있도록 하였습니다.

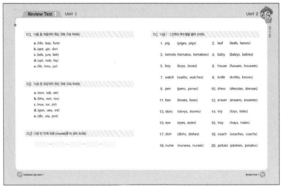

7 종합문제

최종 마무리 테스트로서 각 권에서 배운 전체적인 내용을 다양한 유형의 문제 형태를 통해서 다시 점검할 수 있도록 하였습니다.

8 영단어 Quizbook

부록으로 제공되는 미니북 형태의 단어집입니다. Unit별로 학습 내용과 관련된 모든 단어를 정리하였습니다. Quiz를 수록하여 과제용으로 활용하거나 수업 중 학생들의 어휘 성취도를 주기적으로 점검할 수 있도록 하였습니다.

How to Use This Book

Grammar Joy Start Series는 전체 2권으로 구성되었으며, 각 권당 8주, 총 4개월의 수업 분량으로 기획되었습니다. 학습자와 학습 시간의 차이에 따라 문제 풀이 단계 가운데 일부를 과제로 부여하거나 보충 수업을 통하여 시수를 맞출 수 있도록 하였습니다.

Month	Course	Week	Hour	Curriculum (Unit)	Homework/ Extra Curriculum
1st Month	start 1	1st	1	**1.** 자음과 모음	
			2	**2.** 명사	
			3		
	start 1	2nd	1	**3.** 관사	▶Review Test
			2		
			3	**4.** 대명사	▶각 unit별 영단어 Quiz
	start 1	3rd	1		▶시수별 단어 풀이 과제 부여 또는 수업 후 단어 실력 테스트
			2		▶종합문제 풀이 과제 부여 또는 보충 수업
			3	**5.** 인칭대명사의 격 변화	
	start 1	4th	1		▶Review Test
			2	**6.** be동사	
			3		
2nd Month	start 1	1st	1	**7.** be동사의 부정문과 의문문	
			2		
			3		
	start 1	2nd	1	**8.** 일반동사	
			2		
			3		
	start 1	3rd	1	**9.** 일반동사의 부정문과 의문문	
			2		
			3		
	start 1	4th	1	**10.** 형용사	▶Review Test
			2		▶종합문제 풀이 과제 부여 또는 보충 수업
			3		

Month	Course	Week	Hour	Curriculum (Unit)	Homework/ Extra Curriculum
3rd Month	start 2	1st	1	**1.** There is ~, There are ~	▶각 unit별 영단어 Quiz
			2		▶시수별 단어 풀이 과제 부여 또는 수업 후 단어 실력 테스트
			3	**2.** 현재진행형	▶종합문제 풀이 과제 부여 또는 보충 수업
	start 2	2nd	1		
			2	**3.** 의문사가 있는 의문문 1	▶Review Test
			3		
	start 2	3rd	1	**4.** 의문사가 있는 의문문 2	
			2		
			3		
	start 2	4th	1	**5.** 비인칭 주어 it	
			2		
			3	**6.** 전치사와 부사	▶Review Test
4th Month	start 2	1st	1		
			2		
			3	**7.** 명령문과 감탄문	
	start 2	2nd	1		
			2		
			3	**8.** 조동사 can과 접속사	
	start 2	3rd	1		
			2		
			3	**9.** 미래형	
	start 2	4th	1	**10.** 과거형	▶Review Test
			2		▶종합문제 풀이 과제 부여 또는 보충 수업
			3		

"Repeat,"
"Repeat,"
that is the best
medicine for memory.
-Talmud-

Unit 01

자음과 모음

소리를 내기 위해서는 반드시
자음과 모음이 함께 해야 합니다.
영어에도 자음 (b, c, d, f, g, h, j....)과
모음 (a, e, i, o, u)이 어우러져 있습니다.

자음과 모음

우리말로 '펜'이라는 소리는 'ㅍ'이라는 자음과 'ㅔ'라는 모음과 'ㄴ'이라는 자음이 합쳐져서 내는 소리입니다.

$$펜 = \underset{\text{자음}}{ㅍ} + \underset{\text{모음}}{ㅔ} + \underset{\text{자음}}{ㄴ}$$

영어에서도 'pen'이라는 소리는 'p'라는 자음과 'e'라는 모음과 'n'이라는 자음이 합쳐져서 내는 소리입니다.

$$pen = \underset{\text{자음}}{p} + \underset{\text{모음}}{e} + \underset{\text{자음}}{n}$$

우리말이나 영어 모두 이처럼 소리를 내기 위해서는 반드시 자음과 모음이 함께 해야 합니다.

그래서 한글에도 자음(ㄱ, ㄴ, ㄷ, ㄹ, ㅁ, ㅂ......)과 모음(ㅏ, ㅑ, ㅓ, ㅕ, ㅗ, ㅛ, ㅜ, ㅠ....)이 있듯이 영어 알파벳(Alphabet)에도 자음(b, c, d, f, g, h, j....)과 모음(a, e, i, o, u)이 있습니다.

영어에서 자음은 모음을 뺀 나머지로 알고 있으면 간단합니다.

자음과 모음을 정확히 익히는 것은 지금부터 우리가 공부할 grammar의 기본이므로 매우 중요합니다.

정답 및 해설 p.2

다음 알파벳 중에서 모음을 골라 O표 해 보세요.

f k i b o p s u p r

a s e f u h j k l i

z x c o b n m q a z

w s x e d c i f v t

g b y h n u j m i k

o l p a j y b t g v

y e c g w x f q u d

w m l u p o i g f e

y r u b n l s w f a

x z i p c e v r y o

d g k h a w s q c u

v i r b z l u t e q

k h d a m b o z p k

v e y f k h i g b n

p u d o r f v w a r

다음 중 모음끼리 묶은 것을 O표 해 보세요.

1   (axi, gtu, (eio))

2   (dqt, uei, iom)

3   (eou, til, bje)

4   (oen, pfu, iou)

5   (hik, ero, aei)

6   (oia, qui, per)

7   (mar, zia, eui)

8   (wfs, iou, yec)

9   (cdi, oha, uae)

10 (oie, vge, sau)

모음(vowel)과 자음(consonant)을 써 보세요.

1 모음(vowel)

2 자음(consonant)

Take a break

파티의 종류

미국에서는 간단한 것부터 격식을 차린 것까지 정말로 여러 가지의 파티가 있습니다. 어떤 파티들이 있는지 알게 되면 각각의 파티에 맞춘 옷차림과 에티켓도 알아둘 수 있어서 한층 더 즐겁게 참가할 수 있습니다.

Pajama party　　어린이들이 잠옷을 들고 친구 집에 모여 밤늦게까지 노는 파티

Barbecue party　　야외에서 진행하는 파티로 남성이 리드하며, 스테이크, 햄버거 등이 주 메뉴
(cook out)　　인 파티

Surprise party　　생일 파티 등으로 파티의 주인공이 모르게 준비하여 깜짝 놀라움을 주는 파티

Pot-luck party　　파티에 참가하는 사람이 한두 가지의 요리를 들고 오는 자유스러운 형식의 파
　　티. 주최자는 요리가 겹치지 않게 사전에 대강 요리를 분담해서 정해 준다.

Reception　　개회 연설로 시작해서 건배, 식사, 폐회 연설 등과 같은 형식으로 끝나는 환영
　　파티

Dinner party　　칵테일 등을 마시면서 가벼운 대화를 즐긴 뒤에 디너까지 제공되는 파티로 디
　　너에는 좌석 순서가 정해져 있다.

Cocktail party　　뷔페 형식으로 자유스럽게 음식을 먹고, 한 손에 잔을 들고 즐기는 파티

Open house party　　집을 개방해서 많은 사람을 초대하는 것으로 파티 시간보다 조금 늦게 가는
　　것이 에티켓인 파티

Pool party　　수영장 옆에서 열리는 파티

Wedding shower　　신부가 될 사람에게 줄 선물을 들고 모이는 파티

저녁 식사나 파티에 초대를 받으면, 반드시 답장을 해야 합니다. R.S.V.P(Repondez s'il vous plait: 르퐁데 실 부 플레)는 영어로 Reply, if you please.로 답장을 달라는 뜻입니다.

Unit 02
명사

우리 주위의 모든 사람이나
사물에는 형태가 있거나 없거나
부르는 이름이 있습니다.
즉, 우리가 부르는 이름이
바로 명사입니다.

Unit 02 명사

명사란? 여러분에게도 이름이 있듯이 모든 사람이나 사물에 붙여진 이름을 말합니다.
여기서 사물이라는 말은 형태가 있거나 없거나 우리 주위에 있는 모든 물체들을
가리킵니다.

ex. book 책, dog 개, milk 우유, love 사랑·····

1 종류

❶ 셀 수 있는 명사   *ex.* pen 펜, cat 고양이, candy 사탕·····
❷ 셀 수 없는 명사   *ex.* water 물, milk 우유, bread 빵·····

> **잠깐** •─• **고유 명사**
>
> 세상에 하나 밖에 없는 명사를 말합니다. 세상에 하나 밖에 없기 때문에 셀 수 없는 명사입니다. 이러한 명사는 특별히 대우를 해 주어야 합니다. 그래서 이러한 고유 명사의 첫 글자는 반드시 대문자로 써야 합니다.
>
> *ex.* Tom 탐, America 미국, Seoul 서울·····

2 셀 수 있는 명사

❶ 단수 : 한 사람, 한 개····· 등
하나를 나타냅니다.
ex. boy 소년, desk 책상, apple 사과·····

❷ 복수 : 둘 이상을 나타냅니다.
ex. boys 소년들, desks 책상들,
apples 사과들·····

명사의 복수형

우리말에서는 명사 뒤에 '들'을 붙여 복수를 나타내지만, 영어에서는 보통 's'를 붙여 복수를 나타냅니다.

ex. girl 소녀. – girls 소녀들.   map 지도. – maps 지도들

그러나 모든 명사가 's'를 붙여 복수를 만들 수 없습니다. 이제 명사의 단수를 복수로 만드는 방법을 공부해 보도록 합시다. 이 때 주의 깊게 보아야할 것은 명사가 마지막이 어떻게 끝났는지를 확인하는 것이 중요합니다.

명사의 복수형 만드는 방법

명사의 마지막 형태	방법	완성의 예
보통 명사	s를 붙인다. (+**s**)	ball-balls 공들
자음+y로 끝났을 때 모음+y로 끝났을 때는 s만 붙인다. boy–boys	y를 ies로 바꾼다. (**y → ies**)	baby-bab**ies** 아기들 fly-flies 파리들
f나 fe로 끝났을 때	f나 fe를 ves로 바꾼다 (**f/fe → ves**)	leaf-leaves 잎들 knife-knives 칼들
o, x, s, sh, ch로 끝났을 때	es를 붙인다 (+**es**)	potato-potatoes 감자들 box-boxes 상자들 bus-buses 버스들 dish-dishes 접시들 watch-watches 시계들

꼭꼭 짚고 가요! 만약 buss, dresss, boxs, dishs, watchs…… 를 읽어 보세요. 발음하기가 매우 부자연스럽지요? 그래서 o, s, x, sh, ch로 끝나는 명사는 s를 붙여 복수를 만들지 않고 es를 붙여 준다고 생각해 보면 이해가 쉬울 것입니다.

A 다음 문장에서 명사를 골라 O표 해 보세요.

1 (Tom) has a good (dog).

2 My sister listens to music.

3 I buy a CD at the store.

4 Jane studies in the room.

5 We dance at the party.

6 He visits his parents.

7 Mom is cooking dinner in the kitchen.

8 Mr. Smith met his friend.

9 America is very big.

10 She eats an egg.

● listen 듣다　● music 음악　● party 파티　● visit 방문하다　● parents 부모
● kitchen 부엌　● friend 친구　● America 미국　● eat 먹다

B 다음 중 셀 수 있는 명사와 셀 수 없는 명사를 형광펜으로 지워 가면서 골라 써 보세요.

1 셀 수 있는 명사

chair	,	,	,
	,	,	,
	,	,	,

2 셀 수 없는 명사

cake	,	,	,
	,	,	,
	,	,	,

●bread 빵 ●butter 버터 ●cheese 치즈 ●teacher 선생님 ●Coke 콜라
●sugar 설탕 ●bear 곰

A 마지막 철자 부분에 주의하여 명사의 복수형을 규칙에 따라 써 보세요.

1 cap + s = *caps*　　　　2 pot + s =

3 boy + s =　　　　4 toy + s =

5 baby + ies =　　　　6 lady + ies =

7 fly + ies =　　　　8 story + ies =

9 leaf + ves =　　　　10 knife + ves =

11 potato + es =　　　　12 tomato + es =

13 box + es =　　　　14 fox + es =

15 bus + es =　　　　16 dress + es =

17 church + es =　　　　18 watch + es =

19 brush + es =　　　　20 dish + es =

● lady 숙녀　● story 이야기　● knife 나이프　● potato 감자　● tomato 토마토
● church 교회　● watch 시계　● brush 빗　● dish 접시

B 보기에서 명사의 복수형을 만드는 방법을 고른 후 복수형으로 써 보세요.

A. box   bus   dish   watch   potato   glass
B. map   girl   ball   desk   boy   cup
C. baby   fly   story   lady
D. leaf   knife   wolf

1 s를 붙인다. (+s)   *B*

maps   ,   ,

,   ,

2 y를 ies로 바꾼다. (y → ies)

,   ,

3 f 나 fe를 ves로 바꾼다. (f/fe → ves)

,   ,

4 es를 붙인다. (+es)

,   ,

,   ,

●glass 유리잔 ●story 이야기 ●lady 숙녀 ●wolf 늑대

A 마지막 철자 부분에 주의하여 다음 ( ) 안에 주어진 명사의 복수형을 골라 보세요.

1 map ((maps), mapes)

2 watch (watchs, watches)

3 fox (foxs, foxes)

4 baby (babys, babies)

5 dish (dish, dishes)

6 potato (potatos, potatoes)

7 boy (boys, boies)

8 fly (flys, flies)

9 box (boxs, boxes)

10 brush (brushs, brushes)

11 doctor (doctors, doctores)

12 bird (birds, birdes)

13 wolf (wolfs, wolves)

14 key (keys, keyes)

15 story (storys, stories)

16 eraser (erasers, eraseres)

17 candy (candys, candies)

18 bus (buses, buss)

19 pen (pens, penes)

20 dress (dresses, dresss)

● map 지도   ● fly 파리   ● key 열쇠   ● eraser 지우개

B 형광펜으로 주어진 단어의 마지막 철자 부분을 색칠해 보고 (   )안에서 복수형을 골라 보세요.

1 tree ((trees), treeies)   2 knife (knifes, knives)

3 church (churches, churchs)   4 lady (ladys, ladies)

5 toy (toys, toies)   6 shoe (shoes, shoees)

7 coat (coats, coates)   8 glass (glassies, glasses)

9 bird (birds, birdes)   10 desk (desks, deskses)

11 box (boxes, boxs)   12 bag (bags, bages)

13 teacher (teachers, teacheres)   14 watch (waths, watches)

15 leaf (leafs, leaves)   16 tomato (tomatos, tomatoes)

17 nurse (nursees, nurses)   18 coach (coaches, coachs)

19 story (storys, stories)   20 tray (trays, traies)

●lady 숙녀 ●glass 유리잔 ●coat 외투 ●bird 새 ●coach 코치 ●tray 쟁반

A 다음 빈칸에 주어진 명사의 복수형을 써 보세요.

1	fly	*flies*	2	ball	
3	knife		4	orange	
5	monkey		6	eye	
7	baby		8	potato	
9	window		10	apple	
11	door		12	wolf	
13	hen		14	chair	
15	doctor		16	bus	
17	glass		18	watch	
19	fox		20	boy	

●monkey 원숭이 ●wolf 늑대 ●chair 의자 ●fox 여우

 B 형광펜으로 주어진 단어의 마지막 철자 부분을 색칠해 보고, 빈칸에 주어진 명사의 복수형을 써 보세요.

1	vase	*vases*	2	dress	
3	brush		4	candy	
5	leaf		6	key	
7	picture		8	ruler	
9	cookie		10	house	
11	bowl		12	tomato	
13	knife		14	ear	
15	story		16	hand	
17	box		18	toy	
19	room		20	bus	

 ●vase 꽃병 ●picture 사진 ●ruler 자 ●cookie 과자 ●bowl 사발

Take a break

미국인들이 즐기는 메뉴

콜라와 햄버거, 핫도그 등의 패스트푸드를 떠올리게 되는 미국. 미국은 패스트푸드가 유명합니다. 사람들은 바쁜 생활 때문에 집에서 여유 있게 요리할 시간을 찾지 못 해서, 패스트푸드나 통째로 전자 레인지에 돌리기만 하면 되는 즉석 음식들이 다양하게 발전되어 있습니다. 패스트푸드의 종류에는 햄버거, 샌드위치, 핫도그, 치킨, 피자, 콜라 등이 대표적입니다.

스테이크

스테이크는 고기를 굽는 정도에 따라서 rare(거의 익히지 않은), medium(적당하게 익힌), well-done(잘 익힌)으로 구별한다. 식당에서 스테이크를 주문할 경우에는 종업원이 굽는 정도를 묻는 경우가 대부분이므로 자신에게 맞는 것을 주문하면 스테이크를 맛있게 즐길 수 있다.

샌드위치

햄이나 치즈, 베이컨, 참치 통조림 등에 토마토나 양상추와 같은 야채를 곁들이는 게 보편적이다.

햄버거

한 끼를 가볍게 하는 경우뿐만 아니라 가족이나 친지들과의 가벼운 식사 모임의 메뉴로도 사용된다. 쇠고기를 저며서 만든 패티(햄버거용 고기)를 준비해서 빵에 간편하게 끼워 먹는다.

핫도그

어디에서든지 부담 없이 먹을 수 있는 음식이다. 롤빵에 소시지를 넣고 겨자와 토마토 케첩을 뿌린 후에 다진 오이피클을 얹어 먹는다.

후식

미국인들은 식사 후에 후식을 즐기는데 대개는 달콤한 케이크, 파이, 쿠키, 과자 등을 연한 커피나 오렌지 주스, 콜라와 같은 음료와 곁들여 먹는다. 더운 여름에는 레모네이드나 아이스티도 인기 메뉴이다.

Unit 03

관사

관사 a/an이나 the는 명사 앞에 붙여서
명사의 구체성을 나타냅니다. 이 때 a/an은
구체적이지 않은 단수 명사를 나타내고,
the는 구체적인 것을 나타냅니다.

03 관사

관사란? 영어는 명사를 중요시하는 언어입니다. 그래서 관사는 명사 앞에 a(an)나 the를 붙여 그 명사의 의미를 더욱 분명히 해주는 역할을 한답니다. 우리말처럼 '나는 모자를 가지고 있다.'라고 하는 것이 아니라 영어에서는 'I have a cap.'이라고 말합니다.

Tip! 관사를 쉽게 이해해 봅시다.

여러 사람들이 함께 있어요. 이 중에 머리에 왕관을 쓰고 있는 사람은 왕이고 또 군인 모자를 쓰고 있는 사람은 군인이겠지요. 이처럼 왕이나 군인처럼 명사의 머리 위에 붙어서 그 명사의 정체를 분명히 알 수 있게 해주는 것이 왕관처럼 씌운다는 의미의 '관'자 를 써서 관사라고 해요.

1 관사의 종류

1 a와 an

특별히 정해지지 않은 셀 수 있는 명사 앞에 붙이며 '하나'를 의미하지만 굳이 해석할 필요는 없습니다.

❶ a는 자음 소리로 시작하는 명사 앞에 씁니다.

  ex. a girl, a doll, a hat...

❷ an은 모음 소리(a, e, i, o, u)로 시작하는 명사 앞에 씁니다.

  ex. an apple, an egg, an igloo, an orange...

❸ a와 an을 사용할 수 없는 경우

  ▶ 복수 명사 앞에   *ex.* ✗ roses 장미들, ✗ girls 소녀들……

  ▶ 고유 명사 앞에   *ex.* ✗ America 미국, ✗ Jane 제인……

  ▶ 셀 수 없는 명사 앞에   *ex.* ✗ water 물, ✗ butter 버터, ✗ bread 빵……

2 the

대화할 때 서로 알고 있는 특정한 것을 가리킬 때 사용하며, 대개 '그~'라고 해석합니다. 셀 수 있는 명사와 셀 수 없는 명사 앞에 모두 사용할 수 있습니다.

  ex. **the** student 그 학생, **the** cheese 그 치즈……

a/an과 the의비교

a/an은 정해지지 않은 명사 앞에 사용하고, **the**는 앞에서 이미 말하여 정해진 명사 앞에
사용합니다.

ex. **I have a book.**　　나는 책 한권을 가지고 있다.
The book is fun.　　그 책은 재미있다.

 the를 사용하는 경우와 사용하지 않는 경우

the를 사용하는 경우	the를 사용하지 않는 경우
연주하는 악기이름 앞에 *ex.* play **the** piano 피아노를 연주하다 play **the** violin 바이올린을 연주하다 play **the** cello 첼로를 연주하다 play **the** flute 플룻을 연주하다....	식사 이름 앞에 *ex.* breakfast 아침, lunch 점심, dinner 저녁, supper 저녁... 운동 경기 앞에 *ex.* tennis 테니스, baseball 야구 golf 골프, football 미식축구 basketball 농구, soccer 축구......

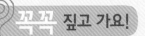 **짚고 가요!**　　아침에 학교에 가려면 식사를 빨리 해야겠죠. 식사를 빨리 하려면 식사 앞에 **the** 같
은 것이 있으면 시간이 더 걸리겠지요. 그래서 식사 앞에는 the가 있으면 곤란해요,
운동 경기도 빨리 빨리 공을 차려는데 the가 발에 걸리면 시간이 더 걸려서 머리 아프겠죠. 악기는 정확히 연주
해야하니 메트로놈(박자 맞추는 기구)같은 **the**가 필요하다고 생각해보면 절대 헷갈리지 않는답니다.

Warm Up

A 다음 (   ) 안에서 알맞은 것을 골라 보세요.

1 (a, (an)) umbrella

2 (a, an) hen

3 (a, an) farmer

4 (a, an) table

5 (a, an) coat

6 (a, an) book

7 (a, an) angel

8 (a, an) van

9 (a, an) igloo

10 (a, an) nose

11 (a, an) eraser

12 (a, an) album

13 (a, an) flower

14 (a, an) bed

15 (a, an) apple

16 (a, an) bottle

17 (a, an) bee

18 (a, an) hot dog

19 (a, an) ant

20 (a, an) dress

●umbrella 우산 ●farmer 농부 ●angel 천사 ●igloo 얼음집 ●album 앨범
●bottle 병 ●hot dog 핫도그

B 다음 빈칸에 a, an 중에 알맞은 것을 골라 써 보세요.

1   *a*   brush   2   orange

3   fan   4   eraser

5   basket   6   foot

7   onion   8   book

9   clock   10   ox

11   banana   12   airplane

13   egg   14   cello

15   train   16   elephant

17   doll   18   lemon

19   e-mail   20   vest

● brush 솔   ●fan 선풍기   ●basket 바구니   ●onion 양파   ●elephant 코끼리
● e-mail 이메일   ●vest 조끼

A 다음 ( ) 안에서 알맞은 것을 골라 보세요.

1 (a, an, ×) cook

2 (a, an, ×) juice

3 (a, an, ×) Seoul

4 (a, an, ×) umbrella

5 (a, an, ×) knife

6 (a, an, ×) pencils

7 (a, an, ×) Judy

8 (a, an, ×) bag

9 (a, an, ×) butter

10 (a, an, ×) America

11 (a, an, ×) apples

12 (a, an, ×) bread

13 (a, an, ×) water

14 (a, an, ×) babies

15 (a, an, ×) church

16 (a, an, ×) boys

17 (a, an, ×) bed

18 (a, an, ×) animal

19 (a, an, ×) pots

20 (a, an, ×) student

●cook 요리사 ●juice 주스 ●Seoul 서울 ●umbrella 우산 ●church 교회
●America 미국 ●woman 여자 ●animal 동물

B 다음 빈칸에 a, an 중 알맞은 것을 쓰고, 필요 없는 곳에는 ×표 하세요.

1   X   milk   2   Busan

3   flower   4   cheese

5   butter   6   English

7   tigers   8   lamp

9   table   10   eggs

11   ear   12   chair

13   bananas   14   money

15   sugar   16   water

17   rulers   18   kid

19   book   20   tomatoes

● Busan 부산 ● flower 꽃 ● lamp 램프/등 ● banana 바나나 ● money 돈
● music 음악 ● ruler 자

 C 다음 (   ) 안에서 알맞은 것을 골라 보세요.

1   (the, ⊗) soccer

2   play (the, ×) piano

3   (the, ×) baseball

4   (the, ×) tennis

5   play (the, ×) cello

6   play (the, ×) flute

7   (the, ×) dinner

8   (the, ×) basketball

9   (the, ×) golf

10 (the, ×) lunch

11 (the, ×) supper

12 play (the, ×) violin

13 (the, ×) football

14 (the, ×) breakfast

 ●baseball 야구   ●cello 첼로   ●flute 플루트   ●basketball 농구   ●breakfast 아침식사

D 다음 빈칸에 필요하면 the를 쓰고, 필요 없는 곳에는 ×표 하세요.

1 _X_ lunch   **2** play _____ cello

3 _____ football   **4** play _____ piano

5 play _____ violin   **6** _____ dinner

7 _____ breakfast   **8** _____ soccer

9 _____ tennis   **10** _____ baseball

11 _____ basketball   **12** _____ supper

13 play _____ flute   **14** _____ golf

● **football** 축구　● **supper** 저녁 식사　● **golf** 골프

A 다음 (   ) 안에서 알맞은 것을 골라 보세요.

1 She sells her car. 그녀는 그녀의 자동차를 판다.

(A, The) car is too old. 그 차는 너무 오래되었다.

2 My mom buys two melons. 나의 엄마는 두 개의 참외를 산다.

(A, The) melons are sweet. 그 참외들은 달다.

3 I have (a, the) clock. 나는 시계 하나를 가지고 있다.

(A, The) clock is new. 그 시계는 새것이다.

4 It is raining now. 지금 비가 오고 있다.

Take (an, ×) umbrella with you. 너는 우산 하나를 가져가라.

5 Jane raises (a, the) dog. Jane은 개 한 마리를 기른다

(A, The) dog has big ears. 그 개는 큰 귀를 가지고 있다.

6 She eats (a, ×) cheese. 그녀는 치즈를 먹는다.

(A, The) cheese is yellow. 그 치즈는 노랗다.

7 He sees (a, the) child on the playground. 그는 운동장에 있는 아이를 본다.

(A, The) child is his son. 그 아이는 그의 아들이다.

8 (A, An) cat sits on the chair. 고양이 한 마리가 의자 위에 앉는다.

(A, The) cat is sleeping. 그 고양이는 잠을 자고 있다.

● **sweet** 달콤한 ● **raise** 기르다 ● **child** 아이 ● **playground** 운동장 ● **sit** 앉다

B 다음 빈칸에 a, an, the 중 알맞은 것을 써 보세요.

1 Jane wears ___*a*___ ring. Jane은 반지 하나를 낀다.

___*The*___ ring is on her finger. 그 반지는 그녀의 손가락에 있다.

2 We eat some butter. 우리는 약간의 버터를 먹는다.

___ butter is delicious. 그 버터는 맛있다.

3 I borrow ___ eraser. 나는 지우개 하나를 빌린다.

___ eraser is on my notebook. 그 지우개는 나의 공책 위에 있다.

4 Tom reads some books on Mondays. Tom은 월요일마다 몇 권의 책들을 읽는다.

___ books are fun. 그 책들은 재미있다.

5 The kid drinks some milk. 그 아이가 약간의 우유를 마신다.

___ milk is too cold. 그 우유는 너무 차다.

6 He knows ___ teacher. 그는 선생님 한 분을 안다.

___ teacher is kind. 그 선생님은 친절하다.

7 I have a bag. 나는 가방 하나를 가지고 있다.

___ bag looks very expensive. 그 가방은 매우 비싸 보인다.

● delicious 맛있는　● borrow 빌리다　● on Mondays 월요일마다　● know 알다
● expensive 비싼

A 다음 ( ) 안에서 알맞은 것을 골라 보세요.

1 He plays (the , ×) flute very well.

2 We have (the, ×) dinner.

3 Mr. Brown plays (the, ×) golf.

4 My brother plays (the, ×) piano well.

5 My dad has (the, ×) breakfast early.

6 I can play (the, ×) tennis.

7 He plays (the, ×) baseball.

8 Josh can play (the, ×) cello.

9 She has (the, ×) lunch at 12.

10 I have (the, ×) supper.

 ●flute 플룻 ●early 일찍 ●cello 첼로 ●supper (가벼운) 저녁식사 ●late 늦게

B 다음 빈칸에 필요하면 the를 쓰고, 필요 없는 곳에는 ×표를 하세요.

1 Linda plays _the_ violin everyday.

2 Tom plays _____ basketball well.

3 She has _____ dinner in the same restaurant.

4 He plays _____ soccer with his friends.

5 _____ breakfast is ready.

6 I play _____ tennis every morning.

7 My sister plays _____ piano.

8 Mary has _____ supper with Tommy.

9 He can't play _____ cello.

10 I play _____ baseball after school.

● **same** 같은 ● **restaurant** 식당 ● **ready** 준비된 ● **after school** 방과 후

01 다음 중 자음끼리 묶은 것에 O표 하세요.

1. (hln, boz, fum)
2. (qet, gic, dvr)
3. (ads, juw, bxk)
4. (spt, nob, ley)
5. (lib, hms, jaz)

02 다음 중 모음끼리 묶은 것에 O표 하세요.

1. (eon, iub, aei)
2. (bhs, wer, iou)
3. (eua, iur, jnt)
4. (gon, uea, sre)
5. (dki, oia, pvx)

03 다음 빈칸에 모음 (vowel)을 써 보세요.

    _____ – _____ school – _____ – _____ – _____ wild

01 다음 ( ) 안에서 복수형을 골라 보세요.

1. pig   (piges, pigs)

2. leaf   (leafs, leaves)

3. tomato (tomatos, tomatoes)

4. baby   (babys, babies)

5. boy   (boys, boies)

6. house   (houses, housees)

7. watch   (waths, watches)

8. knife   (knifes, knives)

9. pen   (pens, penes)

10. dress   (dressies, dresses)

11. box   (boxes, boxs)

12. eraser   (erasers, eraseres)

13. story   (storys, stories)

14. toy   (toys, toies)

15. eye   (eyes, eyies)

16. tray   (trays, traies)

17. dish   (dishs, dishes)

18. coach   (coaches, coachs)

19. nurse   (nursees, nurses)

20. potato (potatoes, potatos)

02 주어진 명사의 복수형을 써 보세요.

1. ball

2. story

3. leaf

4. glass

5. chair

6. monkey

7. fly

8. potato

9. window

10. cup

11. fox

12. wolf

13. door

14. apple

15. doctor

16. bus

17. hen

18. bench

19. orange

20. boy

정답 및 해설 p.5

03 주어진 명사의 복수형을 써 보세요.

1. dog

2. dress

3. city

4. tomato

5. hand

6. key

7. knife

8. car

9. dish

10. lady

11. box

12. shoe

13. candy

14. computer

15. brush

16. bottle

17. fork

18. toy

19. airplane

20. couch

Review Test 1   45

01 다음 빈칸에 a, an 중에 알맞은 것을 골라 써 보세요.

1. ____ flower   2. ____ map

3. ____ angel   4. ____ ear

5. ____ apple   6. ____ lamp

7. ____ orange   8. ____ pot

9. ____ can   10. ____ e-mail

02 다음 빈칸에 a, an 중에 알맞은 것을 쓰고 필요 없는 곳은 ×표 하세요.

1. ____ cell phones   2. ____ money

3. ____ butter   4. ____ e-ticket

5. ____ table   6. ____ dishes

7. ____ cheese   8. ____ clocks

9. ____ Korea   10. ____ juice

03 다음 빈칸에 **the**가 필요한 곳에는 **the**를, 필요 없는 곳은 ×표 하세요.

1. play _____ violin

2. play _____ basketball

3. have _____ lunch

4. play _____ flute

5. eat _____ breakfast

6. play _____ baseball

7. play _____ soccer

8. have _____ supper

9. play _____ cello

10. play _____ golf

04 다음 빈칸에 a, an, the 중에 알맞은 것을 쓰고 필요 없는 곳은 ×표 하세요.

1. She makes _____ dress. 그녀는 드레스를 만든다.

   _____ dress sells well. 그 드레스는 잘 팔린다.

2. Tom has three caps. Tom은 세 개의 모자를 가지고 있다.

   _____ caps are all red. 그 모자들은 모두 빨간색이다.

3. A piano is in the room. 피아노가 방에 있다.

   _____ piano is very old. 그 피아노는 매우 오래되었다.

미국의 교육 제도

우리나라의 학제는 초등학교 6년, 중학교 3년, 고등학교 3년으로 되어 있지만 미국은 주(state)마다 독자적으로 학교법을 시행하고 있습니다.

가장 일반적인 학제는 6-2-4와 6-3-3제입니다. 대학교 이전까지는 12년의 의무 교육을 받아야 하는 것으로 되어 있습니다. 미국 학생들은 초등학교에서 고등학교에 이르는 전 과정을 통산하여 학년을 말합니다. 따라서 우리나라의 중학교 1학년이 미국에서는 7학년이 되며, 미국의 학제로 10학년은 우리의 고등학교 1학년과 같습니다.

초등학교

미국의 초등학교는 Primary School 또는 Elementary School 등으로 불린다. 대개 6년의 과정이며, 우리나라와 마찬가지로 교사 한 명이 한 학급을 맡아서 가르치는 시스템으로 운영된다.

중학교

초등학교 6년 과정을 마친 학생은 Middle School, Intermediate School, Junior High School 등으로 불리는 중학교로 진학하게 된다.

대개 7-8학년 또는 9학년까지의 과정을 말한다.

고등학교

9~12학년 또는 10~12학년의 교육과정을 말하며 High Shool 또는 Academy라고 부른다.

Unit 04
대명사

영어는 앞에 나온 명사를
다시 받을 때 대체로
대명사를 사용하여 받습니다.
즉, 대명사는 명사 대신 쓰는 말입니다.

Unit 04 대명사

대명사란? 명사대신 쓰는 말입니다. 다시 말하면, 앞에 나온 명사를 대신하는 경우에 사용하며, 대화하는 사람들이 그 명사를 서로 알 때 사용합니다. 대명사의 종류에는 지시 대명사와 인칭 대명사가 있습니다.

Tip! **대명사 쉽게 이해해 보아요.**

친구가 연필을 떨어뜨려서 내 옆으로 굴러왔습니다. 친구는 그 떨어진 연필을 가리키며 '○○야, 연필 좀 주워 줘'라고 말할 수도 있지만, 둘이 떨어진 그 연필을 바라보고 있다면 '연필'대신 '그것'이라는 대명사를 써서 '○○야, 그것 좀 주워 줘'라고 말하기도 하지요.이 때 '연필'이라는 명사를 대신해서 '그것'이라는 대명사를 사용한 것이지요.

1 지시대명사 : 사물을 가리키는 대명사를 말합니다.

단수	복수	
this 이것	these 이것들	가까운 곳에 있는 명사를 가리킨다
that 저것	those 저것들	먼 곳에 있는 명사를 가리킨다

this와 **that**은 단수명사를 대신해서 사용하고 **these**와 **those**는 복수명사를 대신해서 사용하는 말입니다.

ex. I have a puppy.
나는 강아지 한 마리가 있다.

This is the puppy.
이것이 그 강아지이다.

ex. The boy has two dogs.
그 소년은 개 두 마리가 있다.

Those are very smart.
저것들은 매우 영리하다.

인칭대명사 : 사람을 가리키는 대명사를 말합니다.

인칭대명사는 세 가지로 나눌 수 있습니다.

❶ 1인칭 : 말하는 사람인 '나, 우리'　　　　　　　*ex.* I, we

❷ 2인칭 : 듣는 사람인 '너, 너희들'　　　　　　　*ex.* you

❸ 3인칭 : '나와 너를 뺀 나머지'를 말합니다.　　　*ex.* he, she, they

　　　　cf 일반 명사는 3인칭에 해당됩니다.　　*ex.* a girl, mom…

	단수	복수
1인칭	I 나는	we 우리는
2인칭	you 너는	you 너희들은
3인칭	he 그는	they 그들은, 그것들은
	she 그녀는	
	it 그것은	

 지시대명사 + 명사

지시대명사 뒤에 명사가 함께 와서 형용사의 역할을 하기도 합니다.
우리말은 '이~', '저~'에 해당됩니다.
이 때 'this, that + 단수명사, these, those + 복수명사'가 됩니다.

> this, that + 단수명사
> these, those + 복수명사

ex. **this book**　　이 책, 　　**that book**　　저 책
　　 these books　이 책들, 　**those books**　저 책들

덧붙여서 '그~'에 해당하는 말은 'the + 단수명사, 복수명사'가 있습니다.

ex. **the book** 그 책, 　　　**the books** 그 책들

다음 ( ) 안에서 알맞은 것을 골라 보세요.

1 I   (1인칭 단수), 1인칭 복수)   2 we   (1인칭 단수, 1인칭 복수)

3 you(너)   (2인칭 단수, 2인칭 복수)   4 your car   (2인칭 단수, 3인칭 단수)

5 he   (3인칭 단수, 3인칭 복수)   6 his caps   (2인칭 복수, 3인칭 복수)

7 she   (3인칭 단수, 3인칭 복수)   8 her pens   (3인칭 복수, 1인칭 단수)

9 the dog   (1인칭 단수, 3인칭 단수)   10 my dogs   (3인칭 복수, 1인칭 복수)

11 these maps (1인칭 복수, 3인칭 복수)   12 that rose   (3인칭 단수, 3인칭 복수)

13 you(너희들) (2인칭 복수, 2인칭 단수)   14 it   (2인칭 단수, 3인칭 단수)

15 Jane   (1인칭 단수, 3인칭 단수)   16 your cat   (3인칭 단수, 2인칭 단수)

17 the chairs (2인칭 복수, 3인칭 복수)   18 this room   (1인칭 단수, 3인칭 단수)

19 those cows (2인칭 복수, 3인칭 복수)   20 our bags   (3인칭 복수, 1인칭 복수)

정답 및 해설 **p.5**

B 다음 빈칸에 대명사의 인칭과 수를 써 보세요.

1	we	_1_ 인칭 **복** 수	2	Mary	인칭 수
3	the hen	인칭 수	4	my doll	인칭 수
5	she	인칭 수	6	you(너희들은)	인칭 수
7	its eyes	인칭 수	8	this bowl	인칭 수
9	our cellos	인칭 수	10	those desks	인칭 수
11	his book	인칭 수	12	he	인칭 수
13	he and she	인칭 수	14	the apples	인칭 수
15	your dad	인칭 수	16	you(너는)	인칭 수
17	these shoes	인칭 수	18	that wolf	인칭 수
19	it	인칭 수	20	her CDs	인칭 수

● hen 암탉　● dad 아빠

A 주어진 그림을 보고, ( ) 안에서 알맞은 대명사를 골라 보세요.

1 (This, That) is a table.

2 (This, That) is a bed.

3 (This, These) are chairs.

4 (These, Those) are bears.

5 (That, These) are monkeys.

6 (This, Those) is an umbrella.

7 (This, That) is a CD.

8 (These, Those) are T-shirts.

● chair 의자　● bear 곰　● monkey 원숭이　● umbrella 우산　● T-shirt 티셔츠

B 주어진 그림을 보고 this, that, these, those 중에서 알맞은 것을 빈칸에 써 보세요.

1 _Those_ are ants.

2 _____ is a watermelon.

3 _____ are tigers.

4 _____ are rulers.

5 _____ is a ring.

6 _____ are dresses.

7 _____ are cups.

8 _____ is a bicycle.

●watermelon 수박   ●ruler 자   ●bicycle 자전거

C 다음 ( ) 안에서 주어진 대명사의 복수형을 골라 보세요.

1 I (you, (we))

2 he (we, they)

3 you (they, you)

4 that (they, those)

5 she (we, they)

6 it (these, they)

7 this (these, those)

D 주어진 대명사의 복수형을 써 보고 우리말로 옮겨 보세요.

1 she — *They* — 그(녀)들은

2 you — —

3 this — —

4 I — —

5 he — —

6 it — —

7 that — —

E 다음 ( ) 안에서 주어진 대명사의 단수형을 골라 보세요.

1 they (그것들은) (she, (it)) **2** these (this, that)

3 you (she, you) **4** they (그들은) (she, he)

5 we (I, you) **6** they (그녀들은) (she, he)

7 those (it, that)

F 주어진 대명사의 단수형을 써 보고 우리말로 옮겨 보세요.

1 they (그들은) — *he, she* — 그(녀)는

2 we — —

3 those — —

4 they (그녀들은) — —

5 you (너희들은) — —

6 these — —

7 they (그것들은) — —

A 다음 영어를 우리말로 바르게 옮긴 것을 골라 보세요.

1 the rose (그 장미), 그 장미들)

2 this clock (이 시계, 저 시계)

3 those horses (저 말, 저 말들)

4 that coat (저 코트, 저 코트들)

5 the dishes (그 접시들, 저 접시들)

6 these balls (이 공들, 저 공들)

7 these buses (저 버스들, 이 버스들)

8 that hat (이 모자, 저 모자)

9 those chairs (저 의자들, 이 의자들)

10 that child (저 어린이, 저 어린이들)

11 these beds (이 침대, 이 침대들)

12 the juice (그 주스, 이 주스들)

13 the lady (그 숙녀, 그 숙녀들)

14 this table (이 탁자, 이 탁자들)

15 the candies (그 사탕들, 이 사탕들)

16 that soup (저 수프, 저 수프들)

17 those pots (저 냄비, 저 냄비들)

18 the bags (그 가방, 그 가방들)

19 this cheese (이 치즈, 이 치즈들)

20 these sofas (이 소파, 이 소파들)

 ● soup 수프 ● pot 냄비 ● cheese 치즈 ● sofa 소파

B 다음 영어를 우리말로 옮겨 보세요.

1	the map	그 지도	2	this dress	
3	those bowls		4	that card	
5	the pencils		6	these desks	
7	these bikes		8	that man	
9	those apples		10	the butter	
11	this coin		12	the tigers	
13	this eraser		14	those caps	
15	the cookies		16	these pens	
17	those eggs		18	that computer	
19	the water		20	these birds	

● **map** 지도 ● **bowl** 사발 ● **man** 남자 ● **coin** 동전 ● **tiger** 호랑이 ● **computer** 컴퓨터

C 주어진 말의 복수형을 바르게 나타낸 것을 골라 보세요.

1 that nurse   (those nurses, that nurses)

2 this lion   (these lions, these lion)

3 the coat   (they coat, the coats)

4 this hat   (those hats, these hats)

5 that rose   (those roses, those rose)

6 the dish   (the dishes, they dishes)

7 that house   (those house, those houses)

8 that egg   (that eggs, those eggs)

9 the fly   (they flies, the flies)

10 this cat   (these cat, these cats)

● coat 외투 ● hat 중절모 ● dish 접시 ● fly 파리

D 주어진 말의 복수형을 바르게 나타낸 것을 골라 보세요.

1 that apple   (those apples, those apple)

2 the ring   (these ring, the rings)

3 that ball   (those ball, those balls)

4 this hen   (this hens, these hens)

5 this candy   (these candies, this candies)

6 that can   (those can, those cans)

7 the pencil   (they pencils, the pencils)

8 the desk   (the desks, the desk)

9 the glass   (they glasses, the glasses)

10 this book   (these books, this book)

● ring 반지   ● candy 사탕   ● can 캔, 깡통   ● glass 유리잔

A 다음 빈칸에 주어진 말을 복수형으로 고쳐 써 보세요.

1	the fly	*the flies*	2	this dress
3	that train		4	the fox
5	the potato		6	that candy
7	that toy		8	this friend
9	the car		10	this watch
11	the fan		12	this coat
13	that bus		14	that dish
15	that baby		16	that wolf
17	this desk		18	the tree
19	this ruler		20	that knife

● fan 부채   ● wolf 늑대   ● ruler 자   ● knife 칼

B 다음 빈칸에 주어진 말을 복수형으로 고쳐 써 보세요.

1 the ball   *the balls*

2 that cap

3 this baby

4 the box

5 the tomato

6 that bag

7 this ant

8 this album

9 that girl

10 this doctor

11 the vest

12 that pot

13 that door

14 this fox

15 that window

16 this apple

17 this leaf

18 the key

19 this pen

20 that clock

● vest 조끼 　● cap 챙 달린 모자 　● album 앨범 　● clock 괘종시계

Take a break

미국의 학기 제도

우리나라는 3월초에 새 학년, 새 학기가 시작되지만 미국은 8월 말이나 9월초에 시작됩니다. 미국의 학기 제도는 Semester, Trimester, Quarter로 나뉘며 Semester가 가장 일반적입니다. 그래서 우리나라와 같이 1학기, 2학기로 부르지 않고 fall semester(가을 학기)와 spring semester(봄 학기)로 구분합니다. Semester는 우리나라의 2학기제와 비슷한데 여름 방학이 2~3개월 정도로 1~3주 정도인 겨울 방학에 비해 훨씬 길기 때문에 중·고등학생들은 이 기간을 이용해 여행이나 아르바이트, 봉사 활동을 하기도 합니다.

대학생들은 여름 방학에 열리는 여름 학기(Summer School : 조기 졸업이나 부족한 학점의 보충을 원하는 학생들을 위해 방학 기간 동안에 열리는 강좌)를 듣고 미리 학점을 취득하여 4년 과정의 대학을 3년 또는 3년 반 만에 졸업할 수 있습니다.

Semester
가을 학기와 봄 학기로 구성되어 있고, 학기 당 16주~18주로 구성

Trimester
여름 학기를 포함하여 3학기제

Quater
4학기로 구성되어 있으며 학기당 약 11주로 구성

Unit 05

인칭대명사의 격변화

인칭대명사는 영어 문장에서 어떤 역할
(주격, 소유격, 목적격)을 하느냐에 따라서
형태가 변합니다. 이렇게 형태가 변하는 것을
인칭대명사의 격 변화라고 합니다.

05 인칭대명사의 격변화

인칭대명사의 격변화란? 인칭대명사가 문장에서의 역할에 따라 형태가 변하는 걸 말합니다. 주어로 쓰일 때를 주격(~은/는, 이/가), 명사 앞에서 소유관계를 나타낼 때를 소유격(~의), 목적어로 쓰일 때를 목적격(~을/를)이라고 합니다.

1 인칭대명사의 격변화

우리말은 '나는, 나의 ,나를' 처럼 '나' 뒤에 '는, 의, 를'을 덧붙여 그 격을 바꾸지만 영어에서는 각각의 격에 해당하는 단어가 있으므로 인칭 대명사의 격변화를 반드시 외워야 합니다.

❶ 주격 : '~은, ~는, ~이, ~가'에 해당합니다.

    ex. **He** is a teacher.　　그는 선생님이다.
       주격

❷ 소유격 : '~의'에 해당합니다.

    ex. She is ~~I~~ sister.　　그녀는 ~~나는~~ 여동생이다.
      She is **my** sister.　　그녀는 나의 여동생이다.
           소유격

❸ 목적격 : '~을, 를, 에게'에 해당합니다.

    ex. I love ~~he~~.　　나는 ~~크는~~ 사랑한다.
      I love **him**.　　나는 그를 사랑한다.
         목적격

인칭 대명사의 격변화표

단수	주격	소유격	목적격
1인칭	I 나는	my 나의	me 나를
2인칭	you 너는	your 너의	you 너를
3인칭	he 그는	his 그의	him 그를
	she 그녀는	her 그녀의	her 그녀를
	it 그것은	its 그것의	it 그것을

복수	주격	소유격	목적격
1인칭	we 우리들은	our 우리들의	us 우리들을
2인칭	you 너희들은	your 너희들의	you 너희들을
3인칭	they 그(것)들은	their 그(것)들의	them 그(것)들을

 **짚고 가요!** 위의 인칭대명사 격 변화를 책을 보며 큰 소리로 5번 읽고, 책을 덮고 5번 읽어 보세요. 저절로 외어집니다. ○○○○○ ○○○○○

 다음 표의 빈칸을 채워 보세요.

단수	주격	소유격	목적격
1인칭	I 나는	my 나의	me 나를
2인칭	you 너는		
3인칭			him 그를
	she 그녀는		
			it 그것을

복수	주격	소유격	목적격
1인칭	we 우리들은		us 우리들을
2인칭		your 너희들의	
3인칭	they 그(것)들은		

B 다음 표의 빈칸을 채워 보세요.

단수	주격	소유격	목적격
1인칭	I 나는	*my* 나의	*me* 나를
2인칭	you 너는		
3인칭	he 그는		
	she 그녀는		
	it 그것은		

복수	주격	소유격	목적격
1인칭	we 우리들은		
2인칭	you 너희들은		
3인칭	they 그(것)들은		

A 빈칸에 알맞은 인칭대명사를 써 보고, ☐☐ 안의 단어들을 큰 소리로 반복하여 읽어 보세요.

1 나는 행복하다.

| I | am | happy. |

너는 행복하다.

| | are | happy. |

그는 행복하다.

| | is | happy. |

그녀는 행복하다.

| | is | happy. |

우리들은 행복하다.

| | are | happy. |

너희들은 행복하다.

| | are | happy. |

그들은 행복하다.

| | are | happy. |

2 이것은 나의 가방이다.

This is | *my* | bag | .

이것은 너의 가방이다.

This is | | bag | .

이것은 그의 가방이다.

This is | | bag | .

이것은 그녀의 가방이다.

This is | | bag | .

이것은 우리들의 가방이다.

This is | | bag | .

이것은 너희들의 가방이다.

This is | | bag | .

이것은 그들의 가방이다.

This is | | bag | .

B 빈칸에 알맞은 인칭대명사를 써 보고, ☐ 안의 단어들을 큰 소리로 반복하여 읽어 보세요.

1 Mary는 나를 좋아한다.　　Mary | likes | *me* .

　　Mary는 너를 좋아한다.　　Mary | likes | .

　　Mary는 그를 좋아한다.　　Mary | likes | .

　　Mary는 그녀를 좋아한다.　　Mary | likes | .

　　Mary는 우리들을 좋아한다.　　Mary | likes | .

　　Mary는 너희들을 좋아한다.　　Mary | likes | .

　　Mary는 그들을 좋아한다.　　Mary | likes | .

2 이 사람은 그의 친구이다.　　This is | *his* | friend .

　　이 사람은 그녀의 친구이다.　　This is | | friend .

　　이 사람은 우리들의 친구이다.　　This is | | friend .

　　이 사람은 그들의 친구이다.　　This is | | friend .

　　하나님은 그를 사랑하신다.　　God | loves | .

　　하나님은 그녀를 사랑하신다.　　God | loves | .

　　하나님은 우리를 사랑하신다.　　God | loves | .

　　하나님은 그들을 사랑하신다.　　God | loves | .

C 다음 ( ) 안에서 옳은 것을 골라 보세요.

1 I   (나는, 나의, 나를)   2 him   (그는, 그의, 그를)

3 her   (그녀는, 그녀를)   4 its   (그것은, 그것의, 그것을)

5 you   (너희들의, 너희들은)   6 our   (우리들의, 우리들을, 우리는)

7 their   (그들은, 그들의, 그들을)   8 me   (나는, 나의, 나를)

9 his   (그는, 그의, 그를)   10 it   (그것의, 그것을)

11 your   (너희들의, 너희들을)   12 you   (너의, 너를)

13 them   (그들은, 그들의, 그들을)   14 she   (그녀의, 그녀를, 그녀는)

15 we   (우리들은, 우리들의, 우리들을) 16 her   (그녀의, 그녀의 것)

17 my   (나는, 나의, 나를)   18 her   (그녀는, 그녀를)

19 us   (우리들은, 우리들의, 우리들을) 20 they   (그들은, 그들의, 그들을)

D 다음 빈칸에 알맞은 우리말을 써 보세요.

1 your (단수)   너의   2 they

3 me   4 her (소유격)

5 his   6 them

7 us   8 him

9 your (복수)   10 we

11 she   12 you (단수)

13 it   14 he

15 you (복수, 목적격)   16 their

17 I   18 my

19 our   20 its

A 다음 ( ) 안에서 옳은 것을 골라 보세요.

1 너희들은 ((you), your)

2 그것들은 (they, their, them)

3 그것의 (it, its)

4 너의 (you, your)

5 우리들의 (our, us, we)

6 그(것)들을 (they, their, them)

7 그녀의 (she, her)

8 나는 (I, my, me)

9 그는 (he, his, him)

10 우리들을 (we, us, our)

11 그를 (he, his, him)

12 그의 (he, his, him)

13 나를 (I, my, me)

14 너희들의 (you, your)

15 그(것)들의 (they, their, them)

16 그녀는 (she, her)

17 우리들은 (we, us, our)

18 너희들을 (you, your)

19 그것은 (it, its)

20 그녀를 (she, her)

B 다음 빈칸에 알맞은 영어를 써 보세요.

1	너는	*you*	2	나를	
3	그(것)들의		4	너희들은	
5	나의		6	그의	
7	우리들을		8	나는	
9	그것을		10	그것의	
11	그는		12	그녀의	
13	너희들의		14	그(것)들을	
15	그녀는		16	너의	
17	우리들은		18	그(것)들은	
19	그를		20	그녀를	

 A 다음 ( ) 안에서 알맞은 것을 골라 보세요.

1 They open (their, them, theirs) eyes. 그들은 그들의 눈을 뜬다.

2 This is (I, my, me) ball. 이것은 나의 공이다.

3 (We, Our, Ours) teacher is very tall. 우리의 선생님은 매우 키가 크다.

4 Kate likes (he, his, him). Kate는 그를 좋아한다.

5 It is (she, her, hers) pencil. 그것은 그녀의 연필이다.

6 (She, Her, Hers) is lazy. 그녀는 게으르다.

7 Those are (he, his, him) horses. 저것들은 그의 말들이다.

8 Mom loves (you, your, yours). 엄마는 너를 사랑한다.

9 (You, Your) hair is pretty. 너의 머리는 예쁘다.

10 I watch (she, her). 나는 그녀를 지켜본다.

 ● ball 공 ● tall 키가 큰 ● pencil 연필 ● lazy 게으른 ● horse 말 ● hair 머리카락
● pretty 예쁜

B ( ) 안에 주어진 대명사를 알맞은 형태로 빈칸에 바꿔 써 보세요.

1 They help _____me_____ . (I) 그들은 나를 돕는다.

2 We look at _____ . (they) 우리는 그들을 쳐다본다.

3 _____ grandma is very old. (you) 너의 할머니는 매우 늙었다.

4 I call _____ . (you) 나는 너에게 전화한다.

5 Joe and _____ brother go swimming. (he) Joe와 그의 남동생은 수영하러 간다.

6 _____ has some books. (she) 그녀는 몇 권의 책을 가지고 있다.

7 _____ tail is long. (it) 그것의 꼬리는 길다.

8 I can find _____ . (he) 나는 그를 찾을 수 있다.

9 She brushes _____ teeth. (she) 그녀는 그녀의 이를 닦는다.

10 These are _____ dolls. (we) 이것들은 우리의 인형들이다.

● help 돕다 ● look 보다 ● call 전화하다 ● grandma(=grandmother) 할머니
● old 나이 든, 오래된 ● go swimming 수영하러 가다 ● tail 꼬리 ● find 찾다
● brush 솔질하다 ● tooth 이(복수형은 teeth) ● like 좋아하다

Take a break

미국의 화폐 단위

미국의 화폐 단위는 달러(Dollar)와 센트(Cent)로 나누어지는데 1달러는 100센트입니다. 지폐(Bill, Paper Money)에는 1달러($), 2달러, 5달러, 10달러, 20달러, 50달러, 100달러, 500달러, 1000달러 등이 있지만 100달러 이상의 지폐는 거의 사용되지 않습니다. 1달러는 가장 작은 단위의 지폐로 팁을 주는 경우가 많고, 2달러 지폐는 일반적으로는 통용되지 않는 지폐로 '행운의 달러'로 불립니다. 가장 흔히 사용되는 지폐는 10달러, 20달러, 100달러 지폐인데, 통용되는 지폐 중에서 100달러가 가장 큰 단위입니다.

동전(Coin)

1센트
페니(Penny)라고도 불리며, 미국 동전 중 가장 작은 단위로 링컨의 초상화가 그려져 있는 구릿빛 동전이다. Penny가 아닌 'ONE CENT'라고 적혀 있지만 대부분의 미국인들은 페니라고 부른다.

5센트
니켈(Nickel)이라고도 불리며, 미국의 3대 대통령인 제퍼슨의 초상화가 그려져 있으며, 반대편의 제퍼슨 관저 그림 아래 'FIVE CENTS'라고 적혀 있다.

10센트
다임(Dime)이라고도 불리며, 미국의 동전 중 크기가 가장 작다. 동전의 앞면에는 루스벨트 대통령의 초상화가, 뒷면에는 올리브 나무와 횃불(횃불은 자유, 올리브는 평화, 가지는 힘과 독립을 상징)이 새겨져 있다. 우리나라 돈의 약 100원에 해당하는 동전으로 'ONE DIME'이라고 적혀 있다.

25센트
가장 많이 사용되는 동전으로 동전 앞면에는 미국의 초대 대통령인 조지 워싱턴의 초상화가, 뒷면에는 미국의 상징인 독수리(또는 미국의 각 주를 상징하는 그림)가 새겨져 있다.
1달러의 1/4이란 의미로 쿼터(Quater)라고 불리며, 동전에도 'QUARTER DOLLAR'라고 적혀 있다.

Unit 06

be동사

우리말로 '~이다, ~있다'로 해석하는
be동사는 주어의 성질이나 상태를
나타냅니다. be동사는 주어의 인칭
(1인칭, 2인칭, 3인칭)과 수(단수, 복수)에
따라서 형태가 바뀝니다.

06

be동사

be동사란? 주어의 성질이나 상태를 나타내는 말이며, 우리말로는 '~이다, ~있다' 라고 해석합니다

1 be동사의 종류

am, are, is의 세 가지가 있습니다. 우리말과는 달리 주어에 따라 각기 다른 형태의 be동사를 짝으로 가집니다.

> 주어는 문장의 주인되는 말로 주로 문장의 맨 앞에 오며, 문장 전체를 이끌어 줍니다. 동사는 주어의 성질이나 상태를 나타내는 말입니다.

1 인칭대명사와 짝을 이루는 be동사

단수		복수	
주어	be동사	주어	be동사
I	am	we	
you	are	you	
he		they	are
she	is		
it			

ex. I am hungry. 나는 배고프다.　　We are hungry. 우리는 배고프다.
You are hungry. 너는 배고프다.　　You are hungry. 너희들은 배고프다.
He is hungry. 그는 배고프다.　　They are hungry. 그들은 배고프다.
She is hungry. 그녀는 배고프다.
It is hungry. 그것은 배고프다.

2 this, that, these, those와 짝을 이루는 be동사

this, that은 단수 명사를 대신하는 대명사이므로 'is'를, these, those는 복수 명사를 대신하는 대명사이므로 'are'를 사용합니다.

단수		복수	
주어	be동사	주어	be동사
this	is	these	are
that		those	

ex. **This is a cap.**　　이것은 모자이다.　　　**These are caps.**　　이것들은 모자들이다.

　　　That is an egg.　　저것은 달걀이다.　　　**Those are eggs.**　　저것들은 달걀들이다.

③ 3인칭 단수 및 3인칭 복수와 짝을 이루는 be동사

3인칭 단수에는 **is**를, 3인칭 복수에는 **are**를 사용합니다. 그래서 특히 **are**를 복수 be동사 라고 합니다.

단수		복수	
주어	be동사	주어	be동사
the girl	is	the girls	are

ex. **The girl is my sister.**　　　그 소녀는 나의 여동생이다.

　　　The girls are my sisters.　　그 소녀들은 나의 여동생들이다.

④ 셀 수 없는 명사와 짝을 이루는 be동사

셀 수 없는 명사가 주어일 경우는 이를 단수로 취급하여 **is**를 사용합니다.

ex. **This coffee is too sweet.**　　이 커피는 너무 달다.

단수 주어를 복수 주어로 바꾸기

단수 주어를 복수 주어로 바꿀때는, 동사를 모두 복수 형태로 바꾸어야 하고, 문장에 주어를 설명하는 명사 가 있을 경우에는 이것도 역시 복수로 바꿔야 합니다.

ex. **That is your dog.**　⇨　**Those are your dogs.**

　　　저것은 너의 개다.　　　　　저것들은 너의 개들이다.

 A 다음 ( ) 안에서 알맞은 것을 골라 보세요.

1 I (am), are, is) pretty. 나는 예쁘다.

You (am, are, is) pretty. 너는 예쁘다.

He (am, are, is) pretty. 그는 예쁘다.

She (am, are, is) pretty. 그녀는 예쁘다.

It (am, are, is) pretty. 그것은 예쁘다.

We (am, are, is) pretty. 우리들은 예쁘다.

You (am, are, is) pretty. 너희들은 예쁘다.

They (am, are, is) pretty. 그들은 예쁘다.

2 I (am, are, is) a doctor. 나는 의사이다.

You (am, are, is) a doctor. 너는 의사이다.

He (am, are, is) a doctor. 그는 의사이다.

She (am, are, is) a doctor. 그녀는 의사이다.

We (am, are, is) doctors. 우리들은 의사들이다.

You (am, are, is) doctors. 너희들은 의사들이다..

They (am, are, is) doctors. 그들은 의사들이다.

He and she (am, are, is) doctors. 그와 그녀는 의사들이다.

 ● pretty 예쁜 ● doctor 의사

B 다음 (   ) 안에서 알맞은 것을 골라 보세요.

1 You   (am, are, is) a teacher.   너는 선생님이다.

Jane   (am, are, is) a teacher.   Jane은 선생님이다.

Jane and you   (am, are, is) teachers.   Jane과 너는 선생님들이다.

He and she   (am, are, is) teachers.   그와 그녀는 선생님들이다.

The lady   (am, are, is) a teacher.   그 숙녀는 선생님이다.

The ladies   (am, are, is) teachers.   그 숙녀들은 선생님들이다.

My uncle   (am, are, is) a teacher.   나의 삼촌은 선생님이다.

My uncles   (am, are, is) teachers.   나의 삼촌들은 선생님들이다.

2 I (am, are, is) hungry.   나는 배고프다.

Tom and I   (am, are, is) hungry.   Tom과 나는 배고프다.

The girl   (am, are, is) hungry.   그 소녀는 배고프다.

The girls   (am, are, is) hungry.   그 소녀들은 배고프다.

The boy   (am, are, is) hungry.   그 소년은 배고프다.

The boys   (am, are, is) hungry.   그 소년들은 배고프다.

The kid   (am, are, is) hungry.   그 어린이는 배고프다.

The kids   (am, are, is) hungry.   그 어린이들은 배고프다.

● uncle 삼촌   ● hungry 배고픈

 A 다음 ( ) 안에서 알맞은 것을 골라 보세요.

1 I (am, are, is) a police officer.

2 This (am, are, is) my room.

3 This dog (am, are, is) small.

4 These (am, are, is) new houses.

5 The river (am, are, is) very clean.

6 You (am, are, is) very cute.

7 He and she (am, are, is) glad.

8 This ice cream (am, are, is) too cold.

9 The soldiers (am, are, is) strong.

10 Snow (am, are, is) white.

 ● police officer 경찰관 ● river 강 ● clean 깨끗한 ● cute 귀여운 ● glad 기쁜
● cold 추운 ● soldier 군인 ● strong 강한, 힘이 센 ● snow 눈 ● white 하얀색

B 다음 빈칸에 am, are, is 중 알맞은 것을 써 넣어 보세요.

1 He _____ *is* _____ her uncle.

2 They _____ tigers.

3 It _____ rainy.

4 These doors _____ closed.

5 We _____ vets.

6 The sugar _____ brown.

7 The watches _____ old.

8 His coat _____ dirty.

9 This cheese _____ yellow.

10 That _____ a small boat.

● rainy 비가 오는 ● closed 닫힌 ● vet 수의사 ● sugar 설탕 ● brown 갈색의
● watch 손목시계 ● dirty 더러운 ● yellow 노란 ● boat 보트

A 다음 ( ) 안에서 알맞은 것을 골라 보세요.

1 (The students is, The students are) smart.

2 (The orange is, The orange are) too sour.

3 (These coats is, These coats are) warm.

4 (This games are , These games are) fun.

5 (The tea is, The tea are) very hot.

6 (His daughters is, His daughters are) models.

7 (Our teachers are, Our teachers is) tired.

8 (That snakes is, That snake is) long.

9 (This bread is, These breads are) soft.

10 (Those boys are, That boys are) good golfers.

● sour 신맛의 ● coat 코트 ● warm 따뜻한 ● model 모델 ● tired 피곤한 ● snake 뱀
● long 긴 ● soft 부드러운 ● golfer 골프 선수

B 단수 주어를 복수 주어로 바꿔 쓸 때, 밑줄 친 부분을 고쳐 보세요.

단수형	복수형
1 <u>This bed</u> is new.	<u>_These beds_</u> <u>_are_</u> new.
2 <u>That table</u> is black.	_____ _____ black.
3 <u>The car</u> is new.	_____ _____ new.
4 <u>This dish</u> is dirty.	_____ _____ dirty.
5 <u>Your sister</u> is fat.	_____ _____ fat.
6 <u>This box</u> is full.	_____ _____ full.
7 <u>This tomato</u> is red.	_____ _____ red.
8 <u>That driver</u> is excellent.	_____ _____ excellent.
9 <u>The window</u> is open.	_____ _____ open.
10 <u>The towel</u> is wet.	_____ _____ wet.

●dirty 더러운 ●full 배부른, 가득찬 ●driver 운전기사 ●exellent 유능한 ●towel 수건
●wet 젖은

C 다음 (   ) 안에서 알맞은 것을 골라 보세요.

1 This (is sweet candies, [is a sweet candy]).

2 It (is a knife, is knives).

3 The boys (are her sons, is her son).

4 That (is his bike, are his bikes).

5 They (are bears, are bear).

6 These (are boxers, are boxer).

7 Those ladies (are doctors, are doctor).

8 This (is a lion, is lions).

9 We (are dancer, are dancers).

10 Those (are tables , are table).

● bear 곰   ● boxer 권투선수   ● dancer 춤추는 사람

D 단수 주어를 복수 주어로 바꿔 쓸 때, 빈칸에 알맞은 표현을 써 보세요.

단수형	복수형
1 He is a good nurse.	They ___are___ ___good nurses___ .
2 It is a red eye.	They _____ _____ .
3 You are my friend.	You _____ _____ .
4 That is a coat.	Those _____ _____ .
5 This girl is a model.	These girls _____ _____ .
6 That boy is his student.	Those boys _____ _____ .
7 She is a skater.	They _____ _____ .
8 It is a building.	They _____ _____ .
9 This is a train.	These _____ _____ .
10 It is a chair.	They _____ _____ .

● **model** 모델   ● **skater** 스케이트 선수   ● **building** 건물

 A 주어진 문장의 주어를 복수형으로 바꿔 문장을 완성하세요.

단수형	복수형
1 This is a clean cup.	*These are clean cups.*
2 He is your uncle.	
3 It is a candy.	
4 She is a runner.	
5 That is my short skirt.	
6 This is her cap.	
7 You are a nice teacher.	
8 It is a delicious hamburger.	
9 That is a toy.	
10 I am a scientist.	

●uncle 삼촌 ●runner 달리기 선수 ●skirt 치마 ●delicious 맛있는
●hamburger 햄버거 ●toy 장난감 ●scientist 과학자

B 주어진 문장의 주어를 복수형으로 바꿔 문장을 완성하세요.

단수형	복수형
1 She is a pretty girl.	*They are pretty girls.*
2 My brother is a soccer player.	
3 That is his pencil.	
4 I am a cashier.	
5 This is a fresh apple.	
6 The girl is his daughter.	
7 It is her vest.	
8 That boy is a singer.	
9 He is an actor.	
10 This is an old computer.	

●soccer player 축구 선수 ●cashier 계산원 ●fresh 신선한 ●vest 조끼
●actor 남자배우 ●computer 컴퓨터

01 다음 ( ) 안에서 주어진 대명사의 복수형을 골라 보세요.

1. you   (they, you)

2. she   (we, they)

3. that   (they, those)

4. he   (we, they)

5. it   (these, they)

6. this   (these, those)

7. I   (you, we)

02 주어진 대명사의 복수형을 써 보고 우리말로 옮겨 보세요.

1. that

2. he

3. she

4. I

5. it

6. you

7. this

03 주어진 말의 복수형을 바르게 나타낸 것을 골라 보세요.

1. that doll   (those dolls, those doll)

2. the wolf   (they wolves, the wolves)

3. this picture   (these pictures, those pictures)

4. that cow   (that cows, those cows)

5. this fox   (these foxes, these foxies)

04 주어진 말의 복수형을 빈칸에 써 보세요.

1. the leaf   2. this house

3. that cat   4. the ball

5. this pencil   6. that girl

7. that bowl   8. this lion

9. the bike   10. that horse

01 다음 ( ) 안에서 옳은 것을 골라 보세요.

1. 너희들을 (you, your)   **2.** 그들의   (they, their, them)

3. 나의   (I, my, me)   **4.** 그녀를   (she, her)

5. 우리들의 (our, us, we)   **6.** 그(것)들을 (they, their, them)

7. 그녀의 (she, her)   **8.** 그것의   (it, its)

9. 그를   (he, his, him)   **10.** 우리들은 (we, us, our)

02 다음 빈칸에 우리말에 알맞게 영어로 써 보세요.

1. 너의   **2.** 나를

3. 그(것)들은   **4.** 그녀는

5. 우리들을   **6.** 그의

7. 그것을   **8.** 너를

9. 너희들의   **10.** 우리들의

03 다음 ( ) 안에서 알맞은 것을 골라 보세요.

1. We meet (their, them, theirs) everyday. 우리는 매일 그들을 만난다.

2. They miss (she, her). 그들은 그녀를 보고 싶어 한다. miss 그리워하다

3. That is (we, our, ours) school. 저것은 우리의 학교이다.

4. Jane goes to (he, his, him) house. Jane은 그의 집으로 간다.

5. This is (you, your) turn. 이번에 너의 차례야. turn 차례

04 주어진 대명사를 알맞은 형태로 빈칸에 바꿔 써 보세요.

1. I know _____ . (he) 나는 그를 안다.

2. _____ color is very beautiful. (it) 그것의 색은 매우 아름답다.

3. God loves _____ . (we) 하나님은 우리를 사랑하신다.

4. She makes _____ bed. (she) 그녀는 그녀의 침대를 정리한다.

5. This is _____ bus. (we) 이것은 우리의 버스이다.

01 다음 (   ) 안에서 알맞은 것을 골라 보세요.

1. You (am, are, is) my best friend.

2. She (am, are, is) very short.

3. We (am, are, is) happy.

4. They (am, are, is) smart dogs.

5. Jack (am, are, is) a lazy boy. ^{lazy 게으른}

02 다음 빈칸에 am, are, is 중 알맞은 것을 골라 써 보세요.

1. I   full.

2. He   Jane's brother.

3. The cat   very sick.

4. The cats   hungry. ^{hungry 배고픈}

5. It   my textbook. ^{textbook 교과서}

O3 다음 (　) 안에서 알맞은 것을 골라 보세요.

1. Those (are my hat, are my hats).

2. (These banana is, These bananas are) too green.

3. They (is a tigers, are tigers).

4. (This book are, These books are) thick.　thick 두꺼운

5. That (is an old umbrella, is old umbrellas).　umbrella 우산

O4 주어진 문장을 복수 형태로 바꿀 때 빈칸에 알맞은 표현을 써 보세요.

1. He is a kind doctor.

   ⇨ They _____ .

2. This house is very big.

   ⇨ _____ very big.

3. That is a round table.　round 둥근

   ⇨ Those _____ .

4. The skirt is too short.

   ⇨ _____ too short.

5. This is a clean dish.

   ⇨ These _____ .

Take a break

미국의 도로

미국의 모든 도로에는 이름이 있습니다. 고속도로(freeway)에는 번호가 있지만 골목길을 포함한 나머지 모든 도로에도 이름이 있습니다. 따라서 주소를 나타낼 때 도로 이름을 사용합니다. 보통 도로는 규모나 위치에 따라 다음과 같이 나타냅니다.

Street(St.)
도시의 중심가에 있는 거리로 이름 대신 '1st street', '2nd street'처럼 번호가 붙는 경우가 많다.

Avenue(Ave.)
대개 Street와 같이 큰 길을 말하며, 가로 세로로 교차하는 한 쪽을 Avenue, 다른 쪽을 Street라고 종종 부르기도 한다. New York에서는 Avenue는 남북, Street는 동서로 뻗은 도로를 가리킨다.

Lane(Ln.)
울타리, 담, 집 등의 사이에 있는 비교적 좁은 도로를 말한다.

Road(Rd.)
도시와 도시를 잇는 시골길을 말하며 변두리나 시외에 있다.

Drive(Dr.)
집 앞이나 공원 안까지의 길을 말한다.

Park Way(Pkwy.)
공원 도로, 큰 산책길을 말하며, 공원이나 녹지대 가운데 있는 승용차 전용 도로를 말한다.

Express Way(Epwy.)
보통 유료의 고속도로를 말하며, 비교적 넓고 고속으로 달릴 수 있다.

Unit **07**

be동사의
부정문과 의문문

be동사를 사용하여 '～이 아니다'라는
부정문을 만들 때는 be동사 뒤에 not을
붙입니다. 또한 '～이니?'라는 의문문을
만들 때는 be동사를 주어 앞에
놓으면 됩니다.

07 be동사의 부정문과 의문문

be동사는 동사 중에 가장 힘이 센 동사입니다. 그래서 be동사는 누구의 도움도 받지 않고 부정문, 의문문을 만들 수 있습니다. 부정문은 be동사 뒤에 **not**을 붙이고, 의문문은 be동사가 주어 앞으로 나가는 문장입니다.

잠깐 •— **문장의 종류**

❶ 긍정문 : '~이다, ~있다' 라는 뜻을 지닌 문장을 말합니다.
❷ 부정문 : '~이 아니다, ~없다' 라는 부정의 뜻을 지닌 문장을 말합니다.
❸ 의문문 : '~이니?, ~있니?' 라고 묻는 문장을 말합니다.

---

 be동사의 부정문 만들기

be동사의 부정문 만들 때는 be동사 뒤에 **not**을 붙이면 됩니다.

ex. I am a teacher.   나는 선생님이다.
  → I **am not** a teacher.   나는 선생님이 아니다.

 be동사의 의문문 만들기

be동사의 의문문 만들려면 be동사와 주어의 위치를 바꾸고 문장 뒤에 물음표(**?**)만 붙이면 됩니다.

ex. **You are a doctor.**   너는 의사이다.
  Are you a doctor?   너는 의사이니?

be동사가 있는 의문문의 대답

Yes나 No 그리고 be동사를 사용해서 대답합니다.
주의할 점은, 질문과 대답에서 I/we와 you가 뒤바뀐다는 것입니다.

단수		복수	
질문	대답	질문	대답
Am I ~?	Yes(No), **you are** (not).	Are we ~?	Yes(No), **you are** (not).
Are you ~?	~, I am (not).	Are you ~?	~, we are (not).
Is he ~?	~, he is (not).	Are they ~?	~, they are (not).
Is she ~?	~, she is (not).		
Is this ~?		Are these ~?	
Is that ~?	~, it is (not).	Are those ~?	~, they are (not).
Is it ~?		Are they ~?	

ex. **Are you** tired?

　긍정 – **Yes, I am** (tired).

　부정 – **No, I am not** (tired).

 be동사의 줄임말 (축약형)

영어에서는 두 단어를 줄여서 한 단어로 사용하는 말들이 있습니다. 두 단어를 하나로 줄이기 위해서 철자 하나를 빼고 생략 부호(')로 대신합니다.

ex. **are + not = aren't**　are 와 not이 만날 때 not에서 생략된 o 대신 생략부호(')표를 썼다고 생각하세요.

I	+am	I'm	he		he's
you	+are	you're	she	+is	she's
we		we're	it		it's
they		they're	that		that's
are	+not	aren't	is	+not	isn't

단, this + is, am + not는 줄여 쓰지 않습니다.
ex. this's (×), amn't (×)

A 주어진 문장을 부정문으로 만들 때, 빈칸에 알맞은 표현을 써 보세요.

	긍정문	부정문
1	I am sad.	I _am_ _not_ sad.
2	You are sad.	You _____ _____ sad.
3	He is sad.	He _____ _____ sad.
4	She is sad.	She _____ _____ sad.
5	It is sad.	It _____ _____ sad.
6	We are sad.	We _____ _____ sad.
7	You are sad.	You _____ _____ sad.
8	They are sad.	They _____ _____ sad.
9	This is bad.	This _____ _____ bad.
10	That is bad.	That _____ _____ bad.
11	These are bad.	These _____ _____ bad.
12	Those are bad.	Those _____ _____ bad.

B 주어진 문장을 의문문으로 만들 때, 빈칸에 알맞은 표현을 써 보세요.

긍정문	의문문
1 I am small.	*Am* __I__ small?
2 You are small.	_____ _____ small?
3 He is small.	_____ _____ small?
4 She is small.	_____ _____ small?
5 It is small.	_____ _____ small?
6 We are small.	_____ _____ small?
7 You are small.	_____ _____ small?
8 They are small.	_____ _____ small?
9 This is small.	_____ _____ small?
10 That is small.	_____ _____ small?
11 These are small.	_____ _____ small?
12 Those are small.	_____ _____ small?

A 주어진 단어를 축약형으로 고쳐 써 보세요.

1 you + are → *you're*

2 I + am →

3 she + is →

4 we + are →

5 it + is →

6 they + are →

7 he + is →

8 is + not →

9 are + not →

10 that + is →

B 밑줄 친 부분을 축약형으로 고쳐 써 보세요.

1 <u>You are</u> very weak.   _____*You're*_____ very weak.

2 <u>That is</u> an egg.   _____ an egg.

3 <u>She is</u> my mother.   _____ my mother.

4 <u>It is</u> yours.   _____ yours.

5 <u>He is</u> a painter.   _____ a painter.

6 They <u>are not</u> expensive.   They _____ expensive.

7 <u>I am</u> Jimmy.   _____ Jimmy.

8 <u>We are</u> skinny.   _____ skinny.

9 He <u>is not</u> an artist.   He _____ an artist.

10 <u>They are</u> not kind.   _____ not kind.

● **weak** 약한 ● **painter** 화가 ● **fat** 뚱뚱한 ● **expensive** 값이 비싼 ● **skinny** 날씬한
● **artist** 예술가

A 주어진 문장을 부정문과 의문문으로 만들어 보세요.

긍정문	부정문
1 They are teachers.	_They_ _aren't_ teachers.
2 That is right.	_____ _____ right.
3 These girls are 10 years old.	_____ _____ 10 years old.
4 She is in London.	_____ _____ in London.
5 Those cups are new.	_____ _____ new.

긍정문	의문문
1 You are lazy.	_Are_ _you_ lazy?
2 He is Jinho.	_____ _____ Jinho?
3 They are in Seoul.	_____ _____ in Seoul?
4 It is wrong.	_____ _____ wrong?
5 Joe and Sally are clever.	_____ _____ clever?

● right 옳은 ● lazy 게으른 ● wrong 잘못된, 틀린 ● clever 영리한

B 주어진 문장을 지시대로 바꿔 보세요.

1	She is a pianist.	의문문	_Is she_ _____ a pianist?
2	He is a taxi driver.	부정문	_____ a taxi driver.
3	This question is easy.	부정문	_____ easy.
4	That is our room.	의문문	_____ our room?
5	My parents are bakers.	부정문	_____ bakers.
6	His son is handsome.	의문문	_____ handsome?
7	They are rulers.	의문문	_____ rulers?
8	We are Koreans.	부정문	_____ Koreans.
9	The house is big.	부정문	_____ big.
10	Those are my dogs.	의문문	_____ my dogs?

● taxi driver 택시 운전기사 ● question 질문 ● easy 쉬운 ● baker 제빵사
● handsome 잘생긴 ● ruler 자 ● Korean 한국사람

A 주어진 물음에 알맞게 대답을 완성해 보세요.

의문문		대답
1	Am I tall?	Yes, *you are* .
2	Are you his students?	Yes, _____ .
3	Is it a rose?	No, _____ .
4	Is she angry?	Yes, _____ .
5	Are they your parents?	No, _____ .
6	Are we bad?	No, _____ .
7	Are you a swimmer?	Yes, _____ .
8	Are these ants diligent?	No, _____ .
9	Is this a banana?	Yes, _____ .
10	Is that an elephant?	No, _____ .

 ●angry 화가 난 ●parents 부모님 ●swimmer 수영 선수 ●ant 개미 ●diligent 부지런한

B 주어진 물음에 알맞게 대답을 완성해 보세요.

의문문	대답
1 Is Mr. Brown a police officer?	Yes, _____ *he is* _____ .
2 Are the necklaces yours?	Yes, _____ .
3 Am I late?	No, _____ .
4 Are you cooks?	Yes, _____ .
5 Are those boys kind?	No, _____ .
6 Is he good?	No, _____ .
7 Is the stone heavy?	Yes, _____ .
8 Are you(너는) ill?	No, _____ .
9 Is Mary too young?	Yes, _____ .
10 Are we old?	No, _____ .

●police officer 경찰관 ●necklace 목걸이 ●yours 너의 것 ●late 늦은 ●stone 돌
●heavy 무거운 ●ill 아픈 ●too 너무 ●young 젊은

Take a break

미국의 식당

미국의 식당의 여러 가지를 소개합니다.

패밀리 레스토랑(Family Restaurant)
스테이크나 해산물 등을 싸고 맛있게 먹을 수 있는 곳으로 정장을 할 필요없이 캐주얼 차림으로 갈 수 있고, 식사를 하면서 이야기를 나눌 수 있다. 대표적인 식당으로 TGIF's, Bennigan's, Denny's, Coco's 등이다.

패스트푸드 식당(Fast-food restaurant)
햄버거, 샌드위치, 치킨, 피자 등 바쁜 시간 중에 기다리지 않고 빨리 먹을 수 있는 음식을 파는 곳이다. 패스트푸드는 값이 싸며, 시간을 절약할 수 있다. 음식을 주문할 때는 음료수(soft drink)를 곁들여 주문하며, soft drink를 주문할 때는 반드시 size(small, medium, large)를 말해야 한다.

카페테리아(Cafeteria)
입구에서 접시를 들고 진열대에 놓여 있는 케이크, 야채, 주요리, 음료 등 좋아하는 음식물을 담아 카운터에 가서 지불을 끝내고 비어 있는 자리를 찾아 각자 자유롭게 먹는다. 음식 값이 싸고, 팁(tip)은 필요가 없으며, 편안한 분위기를 즐길 수 있다.

델리커트슨(Delicatessen)
'델리'라고도 부르며 소시지, 샐러드, 샌드위치, 음료 등을 파는 미국판 스낵 코너이다. 테이블식도 있지만 먹을 공간이 충분하지 않아 가지고 갈 수도 있다.

드라이브 인(Drive-in)
차를 탄 채로 음식을 주문할 수 있는 곳으로 주로 토스트나 햄버거 등과 같은 간단한 식사 메뉴와 음료 등이 있다. 메뉴는 차 안에서도 볼 수 있는 큰 간판으로 되어 있다.

오토맷(Automat)
자동판매기로 된 레스토랑을 말하는 것으로 햄버거, 샌드위치, 핫도그 및 음료 등을 판매한다.

Unit 08

일반동사

be동사 이외의 동사를 주로
일반동사라고 합니다. be동사가 상태를
나타내는 것과는 달리 대개 상태와 동작을
나타내는 동사를 일반동사라고 합니다.

08

일반동사

일반동사란? be동사 이외의 동사를 주로 말합니다. be동사가 상태를 나타내는 것과는 달리 동작과 행동을 나타내는 동사를 말합니다.

ex. **run** 달리다. **swim** 수영하다. **eat** 먹다. **study** 공부하다……

 주어와 동사를 구별

일반적으로는 영어는 '주어 + 동사'의 어순을 가지므로 주어가 길어지더라도 동사 바로 앞에 위치하고 있는 것이 주어가 됩니다. 일반동사 역시 긍정문에서는 주어 뒤에 위치합니다.

ex. **The boy** runs fast.　　**The boy and the girl** run fast.
　　　주어　　　동사　　　　　　　　　주어　　　　　　　동사

 일반 동사의 쓰임

① **상태동사**

일반동사 중에서 stay, love, become, want... 등은 상태를 나타냅니다.

ex. **We love** Mike.
우리는 Mike를 사랑한다.

I want a cup of water.
나는 물 한 컵을 원한다.

I stay at home all day.
나는 하루종일 집에 머무른다.

2 **동작동사**

일반동사의 대부분은 주어의 동작을 설명합니다.

ex. I **run** fast.   나는 빨리 달린다.
We **get up** at 6 o'clock.   우리는 정각 6시에 일어난다.

주어가 3인칭 단수인 일반 동사 형태

be동사가 주어에 따라 다르게 쓰이는 것처럼 일반동사도 주어가 3인칭 단수일 경우는 '~(e)s'가 붙은 형태를 사용합니다. 하지만 불규칙하게 변하는 동사도 있습니다.

ex. I **study** English everyday.   나는 매일 영어를 공부합니다.
He **studies** English everyday.   그는 매일 영어를 공부합니다.

주어가 3인칭 단수일 때 일반 동사 만드는 법

동사의 마지막 형태	고치는 방법	완성의 예
보통 동사	s를 붙인다. (+s)	run → runs
자음+y로 끝났을 때 모음+y로 끝났을 때는 s만 붙인다. play → plays	y를 ies로 바꾼다. (y → ies)	study → studies cry → cries dry → dries
ss, x, sh, ch로 끝났을 때	es를 붙인다 (+es)	kiss → kisses fix → fixes wash → washes teach → teaches
예외적인 경우 (불규칙 변화 동사)		go → goes do → does have → has

Warm Up

 A 주어는 노란색 형광펜으로 표시하고 보기처럼 인칭과 단수/복수를 써 보세요. 동사는 분홍색 형광펜으로 표시해 보세요.

1 My baby cries all day.
3인칭 단수

2 We call our teacher.

3 They sleep on my bed everyday.

4 She looks after a cat.

5 Those girls smile happily.

6 He and his son take a picture together.

7 Ann and Mary enjoy playing with a ball.

8 School begins at 7.

9 Our school has a big playground.

10 The old woman walks her dog.

- cry 울다 ● all day 하루종일 ● call 전화하다 ● look after 돌보다 ● smile 미소짓다
- take a picture 사진을 찍다 ● together 함께 ● enjoy 즐기다 ● begin 시작하다
- playground 운동장 ● walk a dog 개를 산책시키다

B 주어진 동사를 주어가 3인칭 단수일 때의 형태로 바꾸려고 합니다.
규칙에 맞게 고쳐 써 보세요.

1 run + s = *runs*   **2** work + s =

3 take + s =   **4** like + s =

5 buy + s =   **6** enjoy + s =

7 cry + ies =   **8** try + ies =

9 fly + ies =   **10** study + ies =

11 carry + ies =   **12** marry + ies =

13 kiss + es =   **14** pass + es =

15 mix + es =   **16** fix + es =

17 teach + es =   **18** catch + es=

19 do (불규칙 변화) =   **20** have (불규칙 변화) =

● **try** 노력하다, 해보다   ● **fly** 날다   ● **carry** 옮기다   ● **marry** 결혼하다   ● **pass** 지나가다
● **fix** 고치다   ● **teach** 가르치다   ● **catch** 잡다

A 보기에서 주어가 3인칭 단수 일 때 동사의 현재형을 만드는 방법을 고른 후 써 보세요.

A. miss   kiss   fix   wash   teach   catch
B. go   have   do
C. dry   study   cry
D. run   walk   like   work   eat   make

1 s를 붙인다. (+s)   *D*

    runs , , ,

     , ,

2 y를 ies로 바꾼다. (y → ies)

     , ,

3 es를 붙인다. (+es)

     , , ,

     , ,

4 예외 (불규칙 변화)

     , ,

● miss 그리워하다   ● wash 씻다   ● fix 고치다   ● do 하다

B 다음 ( )안에서 알맞은 것을 골라 보세요.

1 I   (work, works) on Sundays.   나는 일요일마다 일한다.

　　You   (work, works) on Sundays.   너는 일요일마다 일한다.

　　He   (work, works) on Sundays.   그는 일요일마다 일한다.

　　She   (work, works) on Sundays.   그녀는 일요일마다 일한다.

　　It   (work, works) on Sundays.   그것은 일요일마다 일한다.

　　We   (work, works) on Sundays.   우리는 일요일마다 일한다.

　　You   (work, works) on Sundays.   너희들은 일요일마다 일한다.

　　They   (work, works) on Sundays.   그들은 일요일마다 일한다.

2 I   (drink, drinks) orange juice.   나는 오렌지 쥬스를 마신다.

　　You   (drink, drinks) orange juice.   너는 오렌지 쥬스를 마신다.

　　He   (drink, drinks) orange juice.   그는 오렌지 쥬스를 마신다.

　　She   (drink, drinks) orange juice.   그녀는 오렌지 쥬스를 마신다.

　　It   (drink, drinks) orange juice.   그것은 오렌지 쥬스를 마신다.

　　We   (drink, drinks) orange juice.   우리는 오렌지 쥬스를 마신다.

　　You   (drink, drinks) orange juice.   너희들은 오렌지 쥬스를 마신다.

　　They   (drink, drinks) orange juice.   그들은 오렌지 쥬스를 마신다.

●work 일하다　●Sunday 일요일　●drink 마시다

C 다음 ( ) 안에서 주어진 동사의 3인칭 단수형을 골라 보세요.

1 stop (stopes, (stops)) 2 buy (buies, buys)

3 go (goes, gos) 4 have (haves, has)

5 say (saies, says) 6 cook (cookes, cooks)

7 cry (crys, cries) 8 push (pushs, pushes)

9 study (studys, studies) 10 kiss (kisses, kissies)

11 pass (passs, passes) 12 come (comes, coms)

13 take (takes, takies) 14 mix (mixs, mixes)

15 do (dos, does) 16 try (tries, trys)

17 play (plaies, plays) 18 meet (meets, meetes)

19 read (reads, reades) 20 watch (watchs, watches)

●push 밀다 ●take 가지고 가다 ●meet 만나다 ●mix 섞다 ●try 노력하다, 시도하다
●watch 보다

D 형광펜으로 주어진 동사의 마지막 철자 부분을 색칠해 보고, 3인칭 단수형을 골라 보세요.

1 catch   (catches, catchs)   2 play   (plays, plaies)

3 enjoy   (enjoys, enjoies)   4 turn   (turnes, turns)

5 make   (maks, makes)   6 read   (reads, reades)

7 have   (haves, has)   8 carry   (carrys, carries)

9 jump   (jumps, jumpes)   10 wax   (waxes, waxs)

11 sit   (sits, sitts)   12 fly   (flys, flies)

13 write   (writs, writes)   14 fry   (frys, fries)

15 brush   (brushes, brushs)   16 pay   (pays, paies)

17 fix   (fixs, fixes)   18 push   (pushs, pushes)

19 kiss   (kissies, kisses)   20 miss   (misss, misses)

● wax 광을 내다 ● write 쓰다 ● brush 빗질하다, 솔질하다 ● miss 그리워하다

 A 다음 빈칸에 주어진 동사의 3인칭 단수형을 써 보세요.

1 enjoy *enjoys*

2 wash

3 teach

4 go

5 fix

6 fly

7 pass

8 work

9 finish

10 have

11 stay

12 sleep

13 like

14 do

15 dry

16 carry

17 eat

18 mix

19 know

20 match

● dry 마른다 ● match 어울리다

B 형광펜으로 주어진 동사의 마지막 철자 부분을 색칠해 보고, 3인칭 단수형을 써 보세요.

1 listen	*listens*	2 cry	
3 cut		4 do	
5 catch		6 study	
7 learn		8 buy	
9 see		10 love	
11 look		12 cry	
13 fix		14 play	
15 walk		16 watch	
17 fry		18 chat	
19 use		20 miss	

● learn 배우다 ● chat 이야기하다

C 다음 문장에서 주어를 형광펜으로 표시한 후 인칭 및 단수/복수를 써 보고, 알맞은 동사를 골라 보세요.

1 He (drive, drives) a car.
   3인칭 단수

2 Mina (invite, invites) him.

3 We (have, has) breakfast at 10.

4 They (do, does) their homework.

5 I (pray, prays) to God.

6 Cathy and Daniel (pass, passes) the exam.

7 She (marry, marries) Bill.

8 You (run, runs) to him.

9 Joshep (read, reads) a book.

10 Our baby (cry, cries) loudly.

●invite 초대하다 ●breakfast 아침식사 ●homework 숙제 ●pray 기도하다
●God 하나님 ●pass 통과하다 ●exam 시험 ●marry 결혼하다 ●loudly 시끄럽게

D 다음 문장에서 주어를 형광펜으로 표시한 후 인칭 및 단수/복수를 써 보고, 알맞은 동사를 골라 보세요.

1 Sujin and Bill (work, works) for the bank.
3인칭 복수

2 It (rain, rains) a lot in summer.

3 A lot of people (walk, walks) to their office.

4 You(너희들은) (help, helps) the old man.

5 The boys (flies, fly) their kites.

6 He (get, gets) there.

7 She (have, has) a cute pig.

8 My cousins (visit, visits) me every Saturday.

9 We (sing, sings) along.

10 They (sit, sits) on the chair.

● bank 은행 ● a lot 많이 ● office 사무실 ● pig 돼지 ● sing along 노래를 따라 부르다

A 다음 문장에서 주어를 형광펜으로 표시한 후, ( ) 안에 주어진 동사를 알맞은 형태로 고쳐 써 보세요.

1 The student *finishes* his report. (finish)

2 My son to bed at 10. (go)

3 She and I our best. (do)

4 That boy his computer. (fix)

5 Liz and he a kite. (make)

6 My friend Jane. (miss)

7 My father fruit. (sell)

8 Tom TV at 9. (watch)

9 My friends him. (know)

10 The girl back to school. (come)

● **do our best** 우리의 최선을 다하다　　● **kite** 연　　● **miss** 그리워하다　　● **fruit** 과일
● **watch** 보다　　● **know** 알다

B 다음 문장에서 주어를 형광펜으로 표시한 후, (   )안에 주어진 동사를 알맞은 형태로 고쳐 써 보세요.

1 <mark>My sister</mark>　*fries*　an egg. (fry)

2 She 　　　　　　three children. (have)

3 They 　　　　　　math everyday. (study)

4 A frog 　　　　　　high. (jump)

5 I 　　　　　　in Seoul. (live)

6 They 　　　　　　their mind. (change)

7 He 　　　　　　the guitar. (play)

8 Kate 　　　　　　at the door. (stand)

9 We 　　　　　　the children in the market. (see)

10 He 　　　　　　his hair every night. (wash)

● frog 개구리　● change 바꾸다　● mind 마음　● stand 서다　● market 시장

Take a break

미국의 영화 등급

영화에 대해 논할 때 Hollywood을 빼 놓을 수 없을 만큼 미국은 세계에서 가장 많은 영화를 만들고 세계 각국에서 만든 영화들을 상영하는 나라입니다. 영화를 상영할 때는 영화마다 각각의 등급을 매깁니다. 이렇게 등급을 매기는 이유는 청소년들을 유해한 영화로부터 보호하기 위해서입니다.

G(General)
연소자 관람가 영화로 모든 사람들이 볼 수 있는 영화

PG(Parental Guidance)
17세 이하의 청소년들이 볼 경우에는 부모가 동반해서 지도할 것을 권장하는 영화

PG-13(Parental Guidance-13)
13-17세의 청소년들이 볼 경우 부모의 동반과 지도하에 관람할 수 있는 영화이지만 13세 이하의 어린이는 부모가 동행을 해도 관람이 불가하다는 판정이 난 영화

R(Restricted)
18세 이상이 되어야 볼 수 있는 영화로, 17세 미만의 청소년들은 반드시 부모를 동반해야 볼 수 있는 영화

NC-17(No Admission to Anyone under 17)
17세 미만의 청소년들은 절대 관람 불가인 영화

Unit **09**

일반동사의
부정문과 의문문

일반동사의 부정문을 만들 때는 동사의
원형 앞에 **don't** 또는 **doesn't**를 붙입니다.
의문문을 만들 때 역시 주어 앞에 **do**
또는 **does**를 붙여 만듭니다.

일반동사의 부정문과 의문문

be동사와는 달리 일반 동사는 힘이 약해서 누군가의 도움을 받아야만 의문문, 부정문을 만들 수 있어요. 그래서 do나 does의 도움을 받아야 합니다. don't나 doesn't를 일반동사 앞에 붙이면 부정문이 되고, do나 does를 문장 앞에 붙이면 의문문이 됩니다.

① 일반동사의 부정문

don't나 doesn't를 일반 동사 바로 앞에 붙여서 만듭니다.

ex. I study English.   나는 영어를 공부한다.
   → I **don't** study English.   나는 영어를 공부하지 않는다
   He studies English.   그는 영어를 공부한다.
   → He **doesn't** study English.   그는 영어를 공부하지 않는다

① don't를 사용하는 경우

주어가 1인칭, 2인칭 단수, 복수인 경우와 3인칭 복수인 경우 일반 동사 앞에 **don't**를 붙여서 부정문을 만듭니다.

ex. I **don't** like Jim.   나는 Jim을 좋아하지 않는다.
   We **don't** like Jim.   우리는 Jim을 좋아하지 않는다.
   You **don't** like Jim.   너는(너희들은) Jim을 좋아하지 않는다.
   They **don't** like Jim.   그들은 Jim을 좋아하지 않는다.

② doesn't를 사용하는 경우

주어가 3인칭 단수인 경우 일반 동사 앞에 **doesn't**를 붙여서 부정문을 만듭니다.
이 때 일반 동사는 s를 떼고 동사원형을 써 주어야 합니다.

ex. He **doesn't** like~~s~~ Jim.   그는 Jim을 좋아하지 않는다.
   She **doesn't** like~~s~~ Jim.   그녀는 Jim을 좋아하지 않는다.
   It **doesn't** like~~s~~ Jim.   그것은 Jim을 좋아하지 않는다.

Tip! 3인칭 단수에 does를 쓰는 이유는 일반 동사에서도 주어가 3인칭 단수이면 s를 붙이듯이 do에도 es 를 붙여주는 것이고 do에 es를 붙여주었으므로 뒤에 있는 동사에는 s(es)를 붙일 필요가 없겠지요?

② 일반 동사의 의문문

주어 앞에 **Do**나 **Does**를 붙여 주고 문장 뒤에 물음표(**?**)를 붙여 주면 됩니다.

① **Do를 사용하는 경우**

주어가 **1**인칭, **2**인칭 단수, 복수인 경우와
3인칭 복수인 경우 주어 앞에 **Do**를 붙여서
의문문을 만듭니다.

ex. **Do I like Jim?**   나는 Jim을 좋아하니?
      Do we like Jim?   우리는 Jim을 좋아하니?
      Do you like Jim?   너는(너희들은) Jim을 좋아하니?
      Do they like Jim?   그들은 Jim을 좋아하니?

② **Does를 사용하는 경우**

주어가 **3**인칭 단수인 경우, 주어 앞에 **Does**를 붙여서 의문문을 만듭니다.
이 때 일반 동사는 **s**를 떼고 동사 원형을 써 주어야 합니다.

ex. **Does he likes̶ Jim?**   그는 Jim을 좋아하니?
      Does she likes̶ Jim?   그녀는 Jim을 좋아하니?
      Does it likes̶ Jim?   그것은 Jim을 좋아하니?

③ **의문문의 대답**

Yes나 **No** 그리고 동사는 **do**나 **does**를 사용해서 대답합니다.

ex. **Do you like Jim?**
      긍정 – **Yes, I do.** / 부정 – **No, I don't.**

ex. **Does he like Jim?**
      긍정 – **Yes, he does.** / 부정 – **No, he doesn't.**

 긍정문을 부정문으로 만들 때, 빈칸에 알맞은 단어를 써 보세요.

	긍정문		부정문
1	I go to school.	I	_don't_ go to school.
2	You go to school.	You	_____ go to school.
3	He goes to school.	He	_____ go to school.
4	She goes to school.	She	_____ go to school.
5	It goes to school.	It	_____ go to school.
6	We go to school.	We	_____ go to school.
7	You(너희들은) go to school.	You	_____ go to school.
8	They go to school.	They	_____ go to school.
9	Jane goes to school.	Jane	_____ go to school.
10	Tom and Jane go to school.	Tom and Jane	_____ go to school.
11	My sister goes to school.	My sister	_____ go to school.
12	My sisters go to school.	My sisters	_____ go to school.

B 긍정문을 의문문으로 만들 때, 빈칸에 알맞은 단어를 써 보세요.

긍정문	의문문
1 I walk slow.	____Do____ I walk slow?
2 You walk slow.	_____ you walk slow?
3 He walks slow.	_____ he walk slow?
4 She walks slow.	_____ she walk slow?
5 It walks slow.	_____ it walk slow?
6 We walk slow.	_____ we walk slow?
7 You(너희들은) walk slow.	_____ you walk slow?
8 They walk slow.	_____ they walk slow?
9 Jane walks slow.	_____ Jane walk slow?
10 Tom and Jane walk slow.	_____ Tom and Jane walk slow?
11 My sister walks slow.	_____ my sister walk slow?
12 My sisters walk slow.	_____ my sisters walk slow?

 A 다음 문장에서 주어를 형광펜으로 표시한 후, 인칭과 단수 복수를 써 보고 알맞은 동사를 골라 보세요.

1 They (don't, doesn't) (sing, sings) in my concert.
3인칭 복수

2 Christie (don't, doesn't) (tell, tells) her parents everything.

3 She (don't, doesn't) (writes, write) an answer on the paper.

4 It (don't, doesn't) (start, starts) to snow.

5 He and I (don't, doesn't) (have, has) breakfast together.

6 He (don't, doesn't) (drive, drives) a bus.

7 She (don't, doesn't) (do, does) the dishes.

8 The babies (don't, doesn't) (smile, smiles) at him.

9 My cell phone (don't, doesn't) (work, works).

10 We (don't, doesn't) (arrive, arrives) at our friend's house.

 ● tell 말하다 ● write 쓰다 ● answer 대답하다, 대답 ● paper 종이 ● start 시작하다
● together 함께 ● do the dishes 설거지하다 ● smile 미소짓다 ● work 작동하다

B 다음 문장에서 주어를 형광펜으로 표시한 후, 인칭 및 단수/복수를 써 보고
알맞은 동사를 골라 보세요.

1 (Do, Does) he and you (travel, travels) in Korea ?
　　　　　　2인칭 복수

2 (Do, Does) they (use, uses) my computer?

3 (Do, Does) her son (watch, watches) a movie?

4 (Do, Does) Susan (play, plays) the piano?

5 (Do, Does) your teacher (meet, meets) Brandon?

6 (Do, Does) you (leave, leaves) Seoul?

7 (Do, Does) your brother (sleep, sleeps) for 9 hours?

8 (Do, Does) the students (learn, learns) English?

9 (Do, Does) soccer players (drink, drinks) a lot of water?

10 (Do, Does) Tommy (buy, buys) a game CD?

● **travel** 여행하다　● **use** 사용하다　● **movie** 영화　● **meet** 만나다　● **leave** 떠나다
● **hour** 시간　● **learn** 배우다　● **a lot of** 많은　● **buy** 사다

 A 주어진 문장을 부정문으로 만들어 보세요.

긍정문	부정문
1 The girl cleans the room.	The girl *doesn't* *clean* the room.
2 They laugh at me.	They _____ _____ at me.
3 She finishes the work.	She _____ _____ the work.
4 You wax your car.	You _____ _____ your car.
5 Liz marries Tom.	Liz _____ _____ Tom.
6 Jack and Joe stay at home.	Jack and Joe _____ _____ at home.
7 He kisses her.	He _____ _____ her.
8 His aunt cooks dinner.	His aunt _____ _____ dinner.
9 Your friends carry the desks.	Your friends _____ _____ the desks.
10 A man wears a watch.	A man _____ _____ a watch.

● laugh 웃다 ● finish 끝마치다 ● marry 결혼하다 ● stay 머무르다 ● cook 요리하다, 요리사
● carry 옮기다 ● watch 손목시계 ● wear 입고 (쓰고, 신고, 차고) 있다

B 주어진 문장을 의문문으로 만들어 보세요.

긍정문	의문문
1 My mom waits for me.	_Does_ my mom _wait_ for me?
2 They take a taxi.	_____ they _____ a taxi?
3 The lady buys a red coat.	_____ the lady _____ a red coat?
4 These girls cry loudly.	_____ these girls _____ loudly?
5 The boy keeps silent.	_____ the boy _____ silent?
6 You send me an e-mail card.	_____ you _____ me an e-mail card?
7 She talks to me.	_____ she _____ to me?
8 You win the game.	_____ you _____ the game?
9 Tom and Bill paint the fence.	_____ Tom and Bill _____ the fence?
10 He does his work.	_____ he _____ his work?

● take 타다 ● loudly 큰 소리로 ● silent 조용한 ● fence 울타리

A 주어진 문장을 지시대로 바꿔 보세요.

1 She turns off the light.	의문문 _Does she turn_	off the light?
2 He likes her.	부정문	her.
3 The boy brings his friend.	의문문	his friend?
4 The girl passes a ball.	부정문	a ball.
5 Those girls meet Jane.	의문문	Jane?
6 Mom has a headache.	부정문	a headache.
7 They sit on the grass.	의문문	on the grass?
8 We leave for L.A.	부정문	for L.A.
9 My friends play soccer.	부정문	soccer.
10 She puts on her boots.	의문문	her boots?

● turn off 끄다　● light 전깃불　● bring 가져오다, 데려오다　● headache 두통
● grass 풀밭　● put on 입다, 신다, 쓰다　● boots 장화

B 주어진 물음에 알맞게 대답을 완성해 보세요.

의문문	대답
1 Do you love chocolate?	Yes, _I do_.
2 Does she drink soda?	Yes, _____.
3 Does the boy open the can?	No, _____.
4 Does he read a book?	Yes, _____.
5 Does Jane close the door?	No, _____.
6 Do they make you happy?	No, _____.
7 Do her parents work hard?	Yes, _____.
8 Does the man check their bags?	No, _____.
9 Do you(너희들은) watch the dog?	Yes, _____.
10 Does she understand him?	No, _____.

● open 열다   ● parents 부모   ● hard 열심히   ● check 점검하다   ● understand 이해하다

Take a break

미국의 국경일

미국의 국경일(National Holiday) 역시 우리나라처럼 쉬는 경우가 대부분입니다. 크리스마스나 추수감사절에는 1~2주 동안 휴가를 즐기기도 합니다.

New Year's Day (1월 1일) : 설날
새해 전날에는 친구 단위로 파티를 하거나 광장에 모여 새해 카운트다운을 하고, 새해가 밝게 되면 'Happy New Year!'라고 외치면서 서로 인사를 나눈다.

Easter Sunday (3월 22일에서 4월 25일 사이) : 부활절
예수님의 부활을 기념하는 날로, 봄이 오는 춘분 이후 보름달이 뜬 뒤 첫 번째 주 일요일을 부활절로 기념하고 있다.

Memorial Day (5월 마지막 월요일) : 현충일
남북 전쟁 당시 전사한 군인들을 추모하는 날에서 유래되었으나 이후 나라를 위해 목숨을 바친 군인들과 사람들을 추모하는 날이 되었다.

Independence Day (7월4일) : 독립기념일
1776년 7월 4일 대륙회의에서 북아메리카 13개 식민지가 영국으로부터 독립한 날을 기념하기 위한 날

Labor Day (9월 첫째 월요일) : 노동자의 날
노동자들을 위한 날

Columbus Day (10월 둘째 월요일) : 미국 발견자 콜럼버스의 날
1492년 콜럼버스가 미 대륙을 발견한 것을 기념하는 날

Halloween Day (10월 31일) : 핼러윈 데이
미국의 가장 큰 축제 중 하나(158페이지 참조)

Veteran's Day (11월1일) : 재향군인의 날
제2차 세계대전이 끝난 것을 기념하는 날로 세계 평화를 기원하기도 하는 날

Thanksgiving Day (11월 넷째 목요일) : 추수감사절
우리나라의 추석과 같은 날로 풍성한 곡식을 수확한 것을 기념하는 날

Christmas (12월25일) : 성탄절
아기예수의 탄생을 기념하는 날

Unit 10

형용사

명사의 생김새나 성질을 좀 더
자세하게 설명해주는 말입니다.
형용사에는 상태, 색깔, 숫자… 등이
있습니다.

Unit

10

형용사

형용사란? 명사의 생김새나 성질을 좀 더 자세하게 설명해 주는 말입니다.
형용사는 상태, 색깔, 숫자… 등을 나타냅니다.

여러 가지 형용사

상태	nice 멋진, cute 귀여운, beautiful 아름다운……
색깔	green 녹색의, blue 파란, pink 분홍의, white 하얀, black 검정의, yellow 노란……
숫자	one, two, three, four, five……
날씨	sunny 화창한, cloudy 흐린, rainy 비가 오는, snowy 눈이 오는……
맛	sweet 달콤한, hot 매운……

의미가 반대 관계인 형용사

big	큰	small	작은
cold	추운, 차가운	hot	더운, 뜨거운
fast	빠른	slow	느린
good	좋은, 착한	bad	나쁜
high	높은	low	낮은
hungry	배고픈	full	배부른
long	긴	short	짧은
old	오래된, 나이 든	new	새로운
pretty	예쁜	ugly	못생긴
tall	키가 큰	short	키가 작은

③ 형용사의 쓰임

① 명사 앞에 올 때

명사 앞에 와서 명사를 자세히 설명해 줍니다.

❶ 명사 바로 앞에 오는 경우

(a/an) + 형용사 + 명사

ex. a **kind boy** 친절한 소년
　　　　형용사　명사

❷ 부사와 함께 오는 경우

이 때 부사는 형용사를 좀 더 구체적으로 설명해 줍니다.

(a/an) + 부사 + 형용사 + 명사

ex. a **very kind boy** 매우 친절한 소년
　　　부사　형용사　명사

❸ 소유격과 함께 쓰이는 경우

소유격과 함께 쓰이는 경우에 명사가 단수일지라도 a/an은 붙이지 않습니다.

소유격 + 형용사 + 명사

ex. ~~a~~ **my kind teacher** 나의 친절한 선생님
　　　소유격　형용사　명사

② be동사 다음에 올 때

주어를 보충 설명해 줍니다.

ex. **He is handsome.** 그는 잘생겼다.
　　　주어　　형용사

이 경우 주의해야할 것은 '잘생겼다'라는 말은 동사가 아니고 '잘 생긴'이라는 형용사에 '이다'라는 be동사가 합쳐진 말입니다. 우리말로 보면 '잘생긴+이다'이지만, 영어에서의 순서는 '동사+형용사'이므로 '이다+잘생긴'이 됩니다.

ex. 행복하다 → 행복한 + 이다 → 이다 + 행복한
　　　　　　　　우리말 어순　　　　영어 어순

⇨ be동사 (am, are, is) + happy

Warm Up

A 주어진 형용사를 우리말로 옮겨 보세요.

1	big	큰	2	small	
3	cold		4	slow	
5	tall		6	short	
7	old		8	bad	
9	good		10	hot	
11	pretty		12	full	
13	hungry		14	new	
15	high		16	ugly	
17	fast		18	low	
19	long		20	weak	

B 주어진 형용사를 영어로 옮겨 보세요.

1	긴	*long*	2	짧은
3	높은		4	나쁜
5	빠른		6	작은
7	키가 큰		8	새로운
9	배고픈		10	못생긴
11	좋은, 착한		12	약한
13	행복한		14	느린
15	예쁜		16	낮은
17	추운, 차가운		18	키가 작은
19	오래된, 나이든		20	더운, 뜨거운

A (   ) 안에 주어진 단어를 알맞은 위치에 넣어 표현을 다시 써 보세요.

1 (cute) a boy   *a cute boy*

2 (green) an apple

3 (high) a building

4 (low) the chair

5 (tall) a man

B (   ) 안에 주어진 단어들을 순서에 알맞게 나열해 보세요.

1 (house, big, the)

2 (an, umbrella, old)

3 (white, a, egg)

4 (the, beautiful, door)

5 (day, cold, a)

●cute 귀여운 ●green 초록색의 ●high 높은 ●building 건물 ●tall 키가 큰

C ( ) 안에 주어진 단어를 알맞은 위치에 넣어 표현을 다시 써 보세요.

1 (sad, very) a cat   *a very sad cat*

2 (very, old) an elephant

3 (much, too) money

4 (pretty, very) the girl

5 (very, big) an ox

D ( ) 안에 주어진 단어들을 순서에 알맞게 나열해 보세요.

1 (a, very, melon, fresh)

2 (fox, a, hungry, very)

3 (books, many, too)

4 (fast, airplane, very, a)

5 (too, little, sugar)

● sad 슬픈　● too 너무　● money 돈　● fresh 신선한　● melon 참외　● little 적은

A ( ) 안에 주어진 단어를 알맞은 위치에 넣어 표현을 다시 써 보세요.

1 (my, good) a daughter

my good daughter

2 (new, his) an umbrella

3 (their, blue) coats

4 (short, her) a story

5 (nice, our) balls

B ( ) 안에 주어진 단어들을 순서에 알맞게 나열해 보세요.

1 (onions, your, five)

2 (their, truck, old)

3 (wonderful, his, painting)

4 (pink, dresses, our)

5 (my, book, new)

● daughter 딸 ● story 이야기 ● onion 양파 ● truck 트럭 ● wonderful 놀라운
● painting 그림

C ( )안에 주어진 단어들을 이용하여 문장을 완성하세요.

1 (friend, my, best)

⇨ He is _my best friend_ .

2 (very, singer, pretty, a)

⇨ She is .

3 (my, white, socks)

⇨ These are .

4 (carrots, very, fresh)

⇨ They are .

5 (big, her, shirts)

⇨ They are .

6 (story, a, fine)

⇨ It is .

7 (very, a, child, cute)

⇨ He is .

8 (her, small, dolls)

⇨ Those are .

9 (chocolate, delicious, very)

⇨ This is .

10 (boy, a, very, smart)

⇨ That is .

●best 가장 좋은 ●socks 양말 ●carrot 당근 ●fresh 신선한 ●fine 좋은
●chocolate 쵸코렛 ●delicious 맛있는 ●smart 영리한

A 우리말과 같도록 문장을 완성하세요.

1 저 벌들은 작다. (이다 + 작은)

⇨ **Those bees** _____are small_____.

2 저 거북이는 느리다. (이다 +)

⇨ **That turtle** _____.

3 이 코끼리들은 늙었다. (+ 늙은)

⇨ **These elephants** _____.

4 저 황소는 배고프다. (이다 +)

⇨ **That ox** _____.

5 이 뱀은 길다. (+ 긴)

⇨ **This snake** _____.

6 저 비행기들은 빠르다. (이다 +)

⇨ **Those airplanes** _____.

7 그 새들은 아름답다. (+ 아름다운)

⇨ **The birds** _____.

8 이 개들은 못 생겼다. (이다 +)

⇨ **These dogs** _____.

9 그 곰은 배부르다. (이다 +)

⇨ **The bear** _____.

10 날이 흐리다. (+ 흐린)

⇨ **It** _____.

● bee 벌 ● turtle 거북이 ● ox 황소 ● airplane 비행기 ● bear 곰 ● cloudy 흐린

B 우리말과 같도록 문장을 완성하세요.

1 그 자동차들은 멋지다. (이다 + 멋진)

⇨ The cars _____*are nice*_____.

2 내 다리는 짧다. (+)

⇨ My legs _____.

3 저 남자들은 바쁘다. (+)

⇨ Those men _____.

4 너의 책가방은 크다. (+)

⇨ Your schoolbag _____.

5 그녀의 의자는 낮다. (+)

⇨ Her chair _____.

6 얼음은 차다. (+)

⇨ Ice _____.

7 그 드레스들은 빨간색이다. (+)

⇨ The dresses _____.

8 그 집은 멋지다. (+)

⇨ The house _____.

9 오늘은 비가 온다. (+)

⇨ It _____ today .

10 나는 키가 크다. (+)

⇨ I _____.

●nice 멋진　●leg 다리　●rainy 비가 오는　●tall 키가 큰

O1 주어진 문장을 부정문으로 바꿔 보세요.

1. You are lazy.

⇨

2. This is right.

⇨

3. I am weak.

⇨

4. They are in Seoul.

⇨

5. He is a bus driver.

⇨

O2 주어진 문장을 의문문으로 바꿔 보세요.

1. That is our school.

⇨

2. You are healthy.

⇨

3. The game is exciting. exciting 흥미진진한

⇨

4. She is a pianist.

⇨

5. He is a nice guy. guy 남자

⇨

03 주어진 물음에 알맞게 대답을 완성해 보세요.

1. Is it your hairpin?   Yes,

2. Am I angry?   No,

3. Is she a model?   Yes,

4. Is the boy kind?   No,

5. Are you(너희들은) happy?   Yes,

6. Are they tall?   No,

7. Is he a famous writer?   Yes,
   writer 작가

8. Are the girls tired?   No,

9. Are we late for school?   Yes,

10. Is this river long?   No,

01 다음 (   ) 안에서 알맞은 것을 골라 보세요.

1. I (play, plays) with my dog.

2. He (pass, passes) the exam.

3. They (have, has) breakfast at 7.

4. We (drink, drinks) tea everyday.

5. She (have, has) a dog.

6. Jane (teach, teaches) math at school.

7. Tom and Judy (sleep, sleeps) on the bed.

8. The girls (sing, sings) together.

9. A man (take, takes) a rest under the tree.

10. A lot of students (study, studies) English. a lot of 많은

O2 다음 ( ) 안에 주어진 동사를 알맞은 형태로 바꿔 보세요.

1. She _____ some money. (have)

2. They _____ English very well. (speak)

3. You _____ a comic book. (read) comic book 만화책

4. A baby _____ . (cry)

5. I _____ my homework. (finish)

6. We _____ on the bench. (sit)

7. Jack _____ his girl friend. (call)

8. Jane and I _____ our teacher. (meet)

9. My parents _____ me. (love)

10. Mom _____ a lemon everyday. (buy)

01 주어진 문장을 부정문으로 바꿔 보세요.

1. He drives a taxi.

   ⇨

2. She likes an onion.

   ⇨

3. Jim and Bill play soccer.

   ⇨

4. We go to school by subway.

   ⇨

5. These girls cook dinner.

   ⇨

02 주어진 문장을 의문문으로 바꿔 보세요.

1. They like the dancer.

   ⇨

2. A man walks to the library.

   ⇨

3. You send e-mails.

   ⇨

4. She works at night.

   ⇨

5. Tom and Jane listen to music.

   ⇨

03 주어진 물음에 알맞게 대답을 완성해 보세요.

1. Does she use your car?　　Yes,

2. Do you wash your hands?　　No,

3. Does he love this cake?　　Yes,

4. Do I have to do this work?　　No,

5. Does the bus go well?　　Yes,

6. Do they enjoy the party?　　No,

7. Do you show me the way?　　No,

8. Does a kangaroo Jump high?　　Yes,

9. Do your parents take a walk?　　Yes,

10. Does your dog watch TV?　　No,

01 ( ) 안에 주어진 단어들을 이용하여 문장을 완성해 보세요.

1. (dress, green, a)

⇨ She wears _____ .

2. (very, famous, golfer, a) famous 유명한

⇨ He is _____ .

3. (cute, kittens, my) kitten 새끼 고양이

⇨ Those are _____ .

4. (car, his, nice)

⇨ It is _____ .

5. (good, boys, very)

⇨ There are _____ .

02 우리말과 같도록 문장을 완성해 보세요.

1. 저 말들은 못됐다. (_____ + 못된) bad 나쁜, 못된

⇨ Those horses _____

2. 그 학생은 키가 크다. (이다 + _____)

⇨ The student _____

3. 이 빵은 부드럽다. (_____ + 부드러운) soft 부드러운

⇨ This bread _____

4. 이 커피는 뜨겁다. (이다 + _____)

⇨ This coffee _____

5. 그 과자들은 달다. (_____ + 단) sweet 단 맛의

⇨ These cookies _____

O3 ( ) 안에 주어진 형용사를 이용하여 우리말에 알맞게 문장을 완성해 보세요.

1. We keep _____. (black)

⇨ 우리는 검정색 개를 기른다.

2. The fox _____. (hungry)

⇨ 그 여우는 배가 고프다.

3. _____ is coming here. (old)

⇨ 낡은 한 대의 택시가 여기로 오고 있다.

4. His parents _____. (warm)

⇨ 그의 부모님들은 따뜻하다.

5. _____ is good. (ugly)

⇨ 그녀의 못생긴 고양이는 착하다.

6. Jane _____. (short)

⇨ Jane은 너무 키가 작다. too 너무

7. _____ are fresh. (white)

⇨ 이 하얀 달걀들은 신선하다.

8. I look at _____. (high)

⇨ 나는 높은 건물을 바라본다.

9. She likes _____. (new)

⇨ 그녀는 그의 새 핸드폰을 좋아한다. cell phone 휴대폰

10. His shop _____. (small)

⇨ 그의 가게는 너무 작다.

Take a break

핼러윈(Halloween) 데이의 역사와 풍습

Halloween Day(10월 31일)는 어린이들 뿐만 아니라 젊은이들, 어른들까지 각종 귀신 분장을 하기도 하고 핼러윈 장식으로 집을 꾸미기도 하며 또한 파티를 마련해 즐기면서 하루를 보내는 미국의 최대 명절 중의 하나입니다.

Halloween은 기독교의 All Saints's Day(만성절: 11월 1일)와 영국 켈트족의 오래된 풍습이 합쳐진 명절이다. 로마 카톨릭과 영국 국교회는 11월 1일을 신이 모든 성자들을 축복한 날이라고 정하면서 All Hallows라고 불렀는데 hallow는 영국의 고어로 saint(성자)라는 뜻이다. 하루 전인 10월 31일은 Hallows eve라는 의미에서 Halloween이라고 이름이 붙여졌고, 기독교 전통을 가진 국가들에서 오늘날의 Halloween Day로 남게 되었다.

원래 Halloween Day는 기독교 문화와 관계없이 그보다 훨씬 전인 기원전의 북유럽 켈트족에 의해서 유래되었다. 켈트족은 11월 1일을 새해의 첫날로 여겨서, 그 하루 전날에는 마녀와 악령들이 땅으로 나와 사람들에게 장난(trick)을 친다고 믿었다. 그래서 사람들은 모든 불을 끄고, 마을 바깥에 마련한 Bonfire(모닥불)에만 불을 붙인 뒤 자신이 직접 배회하는 영들의 흉내를 내어 그들을 속이는 의식을 치름으로써 이러한 악마들의 박해를 피하려고 한 것이다.

이러한 켈트족의 풍습은 오늘날까지 남아 매년 10월 31일 되면 미국의 아이들은 마귀나 마녀의 분장과 복장을 하고 모여서 이웃집들을 돌아다니며 Trick or treat!(장난을 쳐서 괴롭혀 줄까, 아니면 뭘 좀 줄래?)이라고 외치며 돌아다니는데 집주인인 어른들은 이때 미리 준비해 두었던 초콜릿이나 사탕을 아이들에게 내어 준다.

Grammar **Joy** Start **1**

1·2회

종합문제

Unit에서 배운 모든 내용을
다양한 유형의 문제를 통해서
최종 점검합니다.

01 〈보기〉에서 모음만 골라 써 보세요.

〈보기〉
g, i, h, o, f, a, e, p, s

⇨ _____

02 다음 의문문에 알맞은 대답을 써 보세요.

Do you like him?
→ Yes, _____ .

03 다음 중 셀 수 있는 명사가 <u>아닌</u> 것은?

① boy
② apple
③ milk

04 관사가 잘못 쓰인 것을 고르면?

① I play the violin.
② He buys a roses.
③ They play soccer.

05 다음 문장을 복수형으로 바꿀 때 알맞은 것은?

> This girl is a student.

① These girl are students.
② These girls are students.
③ These girls are a student.

06 빈칸에 알맞은 단어를 차례로 바르게 쓴 것은?

> • This is _____ dog.
> • I like _____ .

① my - it
② my - our
③ me - them

07 인칭대명사의 단수형과 복수형이 바르게 짝지어지지 <u>않은</u> 것은?

① He - They
② I - We
③ You - Your

08 다음 문장을 의문문으로 바꿀 때 빈칸에 알맞은 단어를 써 보세요.

> You are a dancer.
> → _____ _____ a dancer?

09 다음 문장의 주어가 될 수 없는 것은?

> _____ goes to school.

① Tom
② She
③ I

10 다음 밑줄 친 부분에 Do를 쓸 수 없는 것은?

① _____ you like this cake?
② _____ they play baseball?
③ _____ he eat lunch?

11 다음 우리말을 영어로 쓸 때, 빈칸에 알맞은 말을 써 보세요.

> • 키가 큰 소년
>   = a _____ boy.
> • 달콤한 사탕 두 개
>   = two _____ candies.

12 주어진 단어들을 복수형으로 알맞게 변형시켜 보세요.

> • potato → _____
> • fly   → _____
> • knife   → _____

13 다음 빈칸에 들어갈 말이 순서대로 바르게 짝지어진 것은?

> • _____ bird is on the tree.
> _____ bird sings merrily.
> • I am from _____ Korea.

① A - A - a
② A - The - 필요 없음
③ A - 필요 없음 - the

merrily 즐겁게

14 빈칸에 들어갈 말로 알맞지 <u>않은</u> 것은?

> He is _____ uncle.

① Tom's
② him
③ her

15 빈칸에 알맞은 단어를 바르게 짝지은 것은?

> • This water _____ too cold.
> • They _____ doctors.

① is - is
② is - are
③ are - is

16 다음 문장 중 바른 것을 골라 보세요.

① I have a cat.
② My mother plays piano.
③ It is a her coat.

17 다음 문장을 부정문으로 만들어 보세요.

> Jane studies English hard.

⇨ Jane _____
English hard.

18 다음 빈칸에 들어갈 질문으로 알맞은 것은?

> A : _____
> B : No, they aren't

① Are Mary and Jane in the room?
② Is she tired?
③ Is he sick?

19 빈칸에 들어갈 알맞은 동사는?

> Kelly and I _____
> baseball every morning.

① plays
② playes
③ play

20 주어가 'Jim'일 때 쓸 수 있는 동사로 알맞지 <u>않는</u> 것은?

① has
② gives
③ do

21 다음 중 올바르게 쓰인 문장은?

① These cup is clean.
② These cats is cute.
③ Those girls are pretty.

24 다음 대화의 빈칸에 알맞은 말은?

> A : Does your brother have
>   a bicycle?
> B : Yes, _____ .

① he do
② he does
③ he have

22 다음 밑줄 친 부분 중 쓰임이 <u>다른</u> 것은?

① <u>Her</u> hair is black.
② He loves <u>her</u>.
③ <u>Her</u> friend is kind.

25 문장의 주어를 단수형으로 바꿔 다시 써 보세요.

> My friends have dogs.

⇨ _____

_____ .

23 다음 문장을 부정문으로 바꿔 보세요.

> These are my desk and chair.

⇨ _____

_____ .

01 모음으로만 이루어진 것은?

① ieo
② hjp
③ awe

02 다음 중 단수형과 복수형이 잘못 짝지어 진 것은?

① candy - candies
② tree - trees
③ bus - buss

03 빈칸에 알맞은 관사를 바르게 짝지은 것은?

My son has _____ bag.
_____ bag is big.

① a - A
② a - The
③ a - An

04 다음 문장을 복수형으로 바꿀 때 알맞은 것은?

That girl is my sister.

① That girls are my sister.
② Those girls are my sisters.
③ Those girl are my sisters.

05 다음 대화의 빈칸에 공통으로 알맞은 말을 골라 보세요.

> A : _____ he sick?
>
> B : Yes, he _____ .

① Am - am

② Are - are

③ Is - is

07 다음 문장의 빈칸에 알맞은 동사는?

> I am not her father.
>
> So, she _____ my daughter.

① is not

② am not

③ are

so 그래서

06 빈칸에 알맞은 단어를 골라 보세요.

> My children have two cats.
>
> _____ cats are small.

① A

② The

③ It

08 주어가 3인칭 단수일 때 동사 형태로 바르게 짝지어 진 것이 <u>아닌</u> 것은?

① go - goes

② cry - crys

③ live - lives

09 다음 밑줄 친 빈칸에 들어갈 주어로 알맞지 않은 것은?

_____ doesn't like the books.

① He
② Jenny
③ The boy and girl

10 빈칸에 알맞은 형용사를 써 보세요.

I am a tall boy, but Tommy is a _____ boy.

but 그러나

11 다음 중 셀 수 없는 명사는?

① butter
② kid
③ cup

12 다음 중 관사가 잘못 쓰인 것은?

① a pretty doll
② an easy way
③ a old lady

13 빈칸에 알맞은 단어가 순서대로 바르게 짝지은 것은?

• _____ students are smart.
• _____ is my spoon.

① This - This
② Those - That
③ These - Those

14 1인칭 대명사가 순서대로 바르게 짝지어진 것은?

> • _____ like this ice-cream.
> • Jack is _____ friend.
> • He loves _____ .

① My - I - me
② Me - I - my
③ I - my - me

15 다음 우리말을 영어로 바꾸어 쓴 문장에서 <u>틀린</u> 부분을 바르게 고쳐 보세요.

> 이것은 그의 꽃이다.
> → This is him flower.

_____ ⇨ _____

16 다음 빈칸에 알맞은 질문을 골라 보세요.

> A : _____
> B : Yes, we are.

① Is it your pen?
② Are they students?
③ Are you doctors?

17 다음 문장에서 <u>잘못된</u> 곳을 골라 바르게 고쳐 보세요.

> Bill plays cello everyday.

_____ ⇨ _____

18 다음 문장의 주어를 Tom으로 바꿔서 쓰려고 할 때, 바르게 고친 것은?

> I don't eat this cookie.

① Tom don't eat this cookie.
② Tom doesn't eat this cookie.
③ Tom does eat this cookie.

19 다음 중 올바로 쓰인 것은?

① She <u>don't</u> like him.
② Jenny and Tom <u>don't</u> like him.
③ You <u>doesn't</u> like him.

20 빈칸에 알맞은 말이 순서대로 바르게 짝지어진 것은?

> • _____ you have dinner?
> • _____ she exercise in the morning.

① Does - Do
② Does - Does
③ Do - Does

exercise 운동하다

21 다음 빈칸에 알맞지 <u>않은</u> 것은?

> I am _____ .

① sleep
② happy
③ sick

22 다음 중, 물음에 대한 대답이 바르지 <u>않은</u> 것은?

① Is the door closed?
   - Yes, it is.

② Are you a nurse?
   - No, I'm not.

③ Are you a farmer?
   - Yes, you are.

24 다음 중 축약형이 바르지 <u>않은</u> 것은?

① You're

② This's

③ They're

23 다음 문장 중 잘못된 부분을 찾아 고쳐 써 보세요.

| We have the breakfast. |

_____ ⇨ _____

25 다음 부정문을 바르게 바꾼 것은?

| Kelly watches TV.
→ _____ . |

① Kelly don't watch TV.

② Kelly doesn't watch TV.

③ Kelly doesn't watches TV.

Grammar joy Start

Answer

1

01 자음과 모음

Warm Up
p.13

f	k	(i)	b	(o)	p	s	(u)	p	r
(a)	s	(e)	f	(u)	h	j	k	l	(i)
z	x	c	(o)	b	n	m	q	(a)	z
w	s	x	(e)	d	c	(i)	f	v	t
g	b	y	h	n	(u)	j	m	(i)	k
(o)	l	p	(a)	j	y	b	t	g	v
y	(e)	c	g	w	x	f	q	(u)	d
w	m	l	(u)	p	(o)	(i)	g	f	(e)
y	r	(u)	b	n	l	s	w	f	(a)
x	z	(i)	p	c	(e)	v	r	y	(o)
d	g	k	h	(a)	w	s	q	c	(u)
v	(i)	r	b	z	l	(u)	t	(e)	q
k	h	d	(a)	m	b	(o)	z	p	k
v	(e)	y	f	k	h	(i)	g	b	n
p	(u)	d	(o)	r	f	v	w	(a)	r

해설 모음은 a, e, i, o, u입니다.

기초 다지기
p.14

A 1 eio 2 uei 3 eou 4 iou 5 aei
6 oia 7 eui 8 iou 9 uae 10 oie

해설 모음은 a, e, i, o, u입니다.

꼭꼭 다지기
p.15

A

1 a, e, i, o, u
2 b, c, d, f, g, h, j, k, l, m, n, p, q, r, s, t, v, w, x, y, z

해설 모음은 a, e, i, o, u입니다.

02 명사

Warm Up
p.20~21

A 1 Tom, dog 2 sister, music 3 CD, store
4 Jane, room 5 party 6 parents
7 Mom, dinner, kitchen 8 Mr. Smith, friend
9 America 10 egg

해설 명사란 사람이나 사물에게 붙여진 이름을 말합니다.

B 1 chair, pencil, door, pot, piano, teacher, apple, house, dress, baby, bear, rose
2 cake, bread, juice, butter, cheese, milk, Mary, Coke, sugar, water, Korea, jam

해설 chair, pencil, door, ... bear, rose 등은 '하나, 둘, ...'과 같이 셀 수 있는 명사입니다. 하지만 cake, bread, juice, butter 등은 셀 수 없는 명사입니다.

기초 다지기
p.22~23

A 1 caps 2 pots 3 boys 4 toys 5 babies
6 ladies 7 flies 8 stories 9 leaves 10 knives
11 potatoes 12 tomatoes 13 boxes 14 foxes
15 buses 16 dresses 17 churches 18 watches
19 brushes 29 dishes

해설 명사의 복수형은 명사 뒤에 대개 s를 붙이지만, '자음 + y'로 끝났을 땐 -ies, f나 fe로 끝났을 땐 -ves를 붙이고, o, x, s, sh, ch로 끝났을 때는 -es를 붙입니다.

B

1 B/maps, girls, balls, desks, boys, cups
2 C/babies, flies, stories, ladies
3 D/leaves, knives, wolves
4 A/boxes, buses, dishes, watches, potatoes, glasses

해설 명사의 복수형은 명사 뒤에 대개 s를 붙이지만, '자음 + y'로 끝났을 땐 -ies, f나 fe로 끝났을 땐 -ves를 붙이고, o, x, s, sh, ch로 끝났을 때는 -es를 붙입니다.

A 1 maps 2 watches 3 foxes 4 babies
5 dishes 6 potatoes 7 boys 8 flies 9 boxes
10 brushes 11 doctors 12 birds 13 wolves
14 keys 15 stories 16 erasers 17 candies
18 buses 19 pens 20 dresses

해설2 명사의 복수형은 명사 뒤에 대개 s를 붙이지만, '자음 + y'로 끝났
을 땐 −ies, f나 fe로 끝났을 땐 −ves를 붙이고, o, x, s, sh, ch로 끝났
을 때는 −es를 붙입니다.

B 1 tree/trees 2 knife/knives
3 church/churches 4 lady/ladies 5 toy/toys
6 shoe/shoes 7 coat/coats 8 glass/glasses
9 bird/birds, 10 desk/desks 11 box/boxes
12 bag/bags 13 teacher/teachers
14 watch/watches 15 leaf/leaves
16 tomato/tomatoes 17 nurse/nurses
18 coach/coaches 19 story/stories
20 tray/trays

해설2 명사의 복수형은 명사 뒤에 대개 s를 붙이지만, '자음 + y'로 끝났
을 땐 −ies, f나 fe로 끝났을 땐 −ves를 붙이고, o, x, s, sh, ch로 끝났
을 때는 −es를 붙입니다.

A 1 flies 2 balls 3 knives 4 oranges
5 monkeys 6 eyes 7 babies 8 potatoes
9 windows 10 apples 11 doors 12 wolves
13 hens 14 chairs 15 doctors 16 buses
17 glasses 18 watches 19 foxes 20 boys

해설2 명사의 복수형은 명사 뒤에 대개 s를 붙이지만, '자음 + y'로 끝났
을 땐 −ies, f나 fe로 끝났을 땐 −ves를 붙이고, o, x, s, sh, ch로 끝났
을 때는 −es를 붙입니다.

B 1 vase, vases 2 dress, dresses
3 brush, brushes 4 candy, candies 5 leaf, leaves
6 key, keys 7 picture, pictures 8 ruler, rulers
9 cookie, cookies 10 house, houses
11 bowl, bowls 12 tomato, tomatoes
13 knife, knives 14 ear, ears 15 story, stories
16 hand, hands 17 box, boxes 18 toy, toys
19 room, rooms 20 bus, buses

해설2 명사의 복수형은 명사 뒤에 대개 s를 붙이지만, '자음 + y'로 끝났
을 땐 −ies, f나 fe로 끝났을 땐 −ves를 붙이고, o, x, s, sh, ch로 끝났
을 때는 −es를 붙입니다.

o3 관사

Warm Up p.32~33

A 1 an 2 a 3 a 4 a 5 a 6 a 7 an 8 a
9 an 10 a 11 an 12 an 13 a 14 a 15 an
16 a 17 a 18 a 19 an 20 a

해설 a는 자음 소리로 시작하는 명사 앞에, an은 모음 소리로 시작하는 명사 앞에 씁니다.

B 1 a 2 an 3 a 4 an 5 a 6 a 7 an 8 a
9 a 10 an 11 a 12 an 13 an 14 a 15 a
16 an 17 a 18 a 19 an 20 a

해설 a는 자음 소리로 시작하는 명사 앞에, an은 모음 소리로 시작하는 명사 앞에 씁니다.

기초다지기 p.34~37

A 1 a 2 × 3 × 4 an 5 a 6 × 7 × 8 a
9 × 10 × 11 × 12 × 13 × 14 × 15 a
16 × 17 a 18 an 19 × 20 a

해설 a는 자음 소리로 시작하는 명사 앞에, an은 모음 소리로 시작하는 명사 앞에 씁니다. 복수 명사, 고유 명사, 셀 수 없는 명사 앞엔 (a, an)를 쓰지 않습니다.

B 1 × 2 × 3 a 4 × 5 × 6 × 7 × 8 a
9 a 10 × 11 an 12 a 13 × 14 × 15 ×
16 × 17 × 18 a 19 a 20 ×

해설 a는 자음 소리로 시작하는 명사 앞에, an은 모음 소리로 시작하는 명사 앞에 씁니다. 복수 명사, 고유 명사, 셀 수 없는 명사 앞엔 (a, an)를 쓰지 않습니다.

C 1 × 2 the 3 × 4 × 5 the 6 the 7 ×
8 × 9 × 10 × 11 × 12 the 13 × 14 ×

해설 the는 악기 이름 앞에는 쓰지만, 식사 이름, 운동 경기 앞에는 쓰지 않습니다.

D 1 × 2 the 3 × 4 the 5 the 6 × 7 ×
8 × 9 × 10 × 11 × 12 × 13 the 14 ×

해설 the는 악기 이름 앞에는 쓰지만, 식사 이름, 운동 경기 앞에는 쓰지 않습니다.

꼭꼭다지기 p.38~39

A 1 The 2 The 3 a/The 4 an 5 a/The
6 ×/The 7 a/The 8 A/The

해설 a(an)은 정해지지 않은 명사 앞에 사용하고, the는 앞에서 이미 말하여 정해진 명사 앞에 사용합니다.

B 1 a/The 2 The 3 an/The 4 The 5 The
6 a/The 7 The

해설 a(an)은 정해지지 않은 명사 앞에 사용하고, the는 앞에서 이미 말하여 정해진 명사 앞에 사용합니다.

실력다지기 p.40~41

A 1 the 2 × 3 × 4 the 5 × 6 × 7 ×
8 the 9 × 10 ×

해설 the는 악기 이름 앞에는 쓰지만, 식사 이름, 운동 경기 앞에는 the를 쓰지 않습니다.

B 1 the 2 × 3 × 4 × 5 × 6 × 7 the
8 × 9 the 10 ×

해설 the는 악기 이름 앞에는 쓰지만, 식사 이름, 운동 경기 앞에는 the를 쓰지 않습니다.

Review Test 1
p.42~47

Unit 1

01
1 hln 2 dvr 3 bxk 4 spt 5 hms

02
1 aei 2 iou 3 eua 4 uea 5 oia

03 a, e, i, o, u

Unit 2

01

1 pigs   2 leaves   3 tomatoes   4 babies   5 boys
6 houses   7 watches   8 knives   9 pens
10 dresses   11 boxes   12 erasers   13 stories
14 toys   15 eyes   16 trays   17 dishes
18 coaches   19 nurses   20 potatoes

02

1 balls   2 stories   3 leaves   4 glasses   5 chairs
6 monkeys   7 flies   8 potatoes   9 windows
10 cups   11 foxes   12 wolves   13 doors
14 apples   15 doctors   16 buses   17 hens
18 benches   19 oranges   20 boys

03

1 dogs   2 dresses   3 cities   4 tomatoes
5 hands   6 keys   7 knives   8 cars   9 dishes
10 ladies   11 boxes   12 shoes   13 candies
14 computers   15 brushes   16 bottles   17 forks
18 toys   19 airplanes   20 couches

Unit 3

01

1 a   2 a   3 an   4 an   5 an   6 a   7 an   8 a   9 a
10 an

02

1 ×   2 ×   3 ×   4 an   5 a   6 ×   7 ×   8 ×   9 ×
10 ×

03

1 the   2 ×   3 ×   4 the   5 ×   6 ×   7 ×   8 ×
9 the   10 ×

04

1 a, The   2 The   3 The

04 대명사

Warm Up   p.52~53

A 1 1인칭 단수   2 1인칭 복수   3 2인칭 단수   4 3인칭 단수
5 3인칭 단수   6 3인칭 복수   7 3인칭 단수   8 3인칭 복수
9 3인칭 단수   10 3인칭 복수   11 3인칭 복수   12 3인칭 단수
13 2인칭 복수   14 3인칭 단수   15 3인칭 단수   16 3인칭 단수
17 3인칭 복수   18 3인칭 단수   19 3인칭 복수   20 3인칭 복수

해설 1인칭은 나, 우리(I, we), 2인칭은 너, 너희들(you), 3인칭은 '나와 너를 뺀 나머지'를 말하고, 단수는 하나, 복수는 둘 이상을 말합니다.

B 1 1. 복   2 3. 단   3 3. 단   4 3. 단   5 3. 단   6 2. 복
7 3. 복   8 3. 단   9 3. 복   10 3. 복   11 3. 단   12 3. 단
13 3. 복   14 3. 복   15 3. 단   16 2. 단   17 3. 복   18 3. 단
19 3. 단   20 3. 복

해설 1인칭은 나, 우리(I, we), 2인칭은 너, 너희들(you), 3인칭은 '나와 너를 뺀 나머지'를 말하고, 단수는 하나, 복수는 둘 이상을 말합니다.

기초다지기   p.54~57

A 1 This   2 That   3 These   4 Those   5 These
6 This   7 This   8 Those

해설 this/that은 단수, these/those는 복수에 씁니다. this (these)는 가까운 곳, that (those)는 먼 곳에 씁니다.

B 1 Those   2 This   3 These   4 Those   5 This
6 Those   7 Those   8 This

해설 this/that은 단수, these/those는 복수에 씁니다.

C 1 we   2 they   3 you   4 those   5 they
6 they   7 these

해설 1인칭의 I는 단수, we는 복수, 2인칭의 you는 단수, 복수로 둘 다 쓰이며, 3인칭의 he, she, it은 단수, they는 세 가지 모두의 복수로 쓰입니다. 그리고 this/that의 복수는 these/those입니다.

D 1 they, 그(녀)들은   2 you, 너희들은   3 these, 이것들은
4 we, 우리들은   5 they, 그들은   6 they, 그것들은
7 those, 저것들은

해설2 1인칭의 I는 단수, we는 복수, 2인칭의 you는 단수, 복수로 둘 다 쓰이며, 3인칭의 he, she, it은 단수, they는 세 가지 모두의 복수로 쓰입니다. 그리고 this/that의 복수는 these/those입니다.

E 1 it   2 this   3 you   4 he   5 I   6 she
7 that

해설2 1인칭의 I는 단수, we는 복수, 2인칭의 you는 단수, 복수로 둘 다 쓰이며, 3인칭의 he, she, it은 단수, they는 세 가지 모두의 복수로 쓰입니다. 그리고 this/that의 복수는 these/those입니다.

F 1 he, 그는   2 I, 나는   3 that, 저것은   4 she, 그녀는
5 you, 너는   6 this, 이것은   7 it, 그것은

해설2 1인칭의 I는 단수, we는 복수, 2인칭의 you는 단수, 복수로 둘 다 쓰이며, 3인칭의 he, she, it은 단수, they는 세 가지 모두의 복수로 쓰입니다. 그리고 this/that의 복수는 these/those입니다.

꼭꼭 다지기   p.58~61

A 1 그 장미   2 이 시계   3 저 말들   4 저 코트
5 그 접시들   6 이 공들   7 이 버스들   8 저 모자   9 저 의자들
10 저 어린이   11 이 침대들   12 그 주스   13 그 숙녀
14 이 탁자   15 그 사탕들   16 저 수프   17 저 냄비들
18 그 가방들   19 이 치즈   20 이 소파들

해설2 the는 우리말의 '그~/그~들', this/these는 '이~/이~들', that/those는 '저~/저~들'에 해당됩니다.

B 1 그 지도   2 이 드레스   3 저 사발들   4 저 카드
5 그 연필들   6 이 책상들   7 이 자전거들   8 저 남자
9 저 사과들   10 그 버터   11 이 동전   12 그 호랑이들
13 이 지우개   14 저 모자들   15 그 과자들   16 이 펜들
17 저 달걀들   18 저 컴퓨터   19 그 물   20 이 새들

해설2 the는 우리말의 '그~/그~들', this/these는 '이~/이~들', that/those는 '저~/저~들'에 해당됩니다.

C 1 those nurses   2 these lions   3 the coats
4 these hats   5 those roses   6 the dishes
7 those houses   8 those eggs   9 the flies
10 these cats

해설2 지시대명사는 'this/that + 단수 명사', these/those + 복수 명사', 'the + 단수 명사/복수 명사'의 형식이 됩니다.

D 1 those apples   2 the rings   3 those balls
4 these hens   5 these candies   6 those cans
7 the pencils   8 the desks   9 the glasses
10 these books

해설2 지시대명사는 'this/that + 단수 명사', these/those + 복수 명사', 'the + 단수 명사/복수 명사'의 형식이 됩니다.

실력 다지기   p.62~63

A 1 the flies   2 these dresses
3 those trains   4 the foxes   5 the potatoes
6 those candies   7 those toys   8 these friends
9 the cars   10 these watches   11 the fans
12 these coats   13 those buses   14 those dishes
15 those babies   16 those wolves
17 these desks   18 the trees   19 these rulers
20 those knives

해설2 지시대명사는 'this/that + 단수 명사', these/those + 복수 명사', 'the + 단수 명사/복수 명사'의 형식이 됩니다.

B 1 the balls   2 those caps   3 these babies
4 the boxes   5 the tomatoes   6 those bags
7 these ants   8 these albums   9 those girls
10 these doctors   11 the vests   12 those pots
13 those doors   14 these foxes
15 those windows   16 these apples
17 these leaves   18 the keys   19 these pens
20 those clocks

해설2 지시대명사는 'this/that + 단수 명사', these/those + 복수 명사', 'the + 단수 명사/복수 명사'의 형식이 됩니다.

05 인칭대명사의 격 변화

Warm Up

p.68~69

A

단수	주격	소유격	목적격
1인칭	I 나는	my 나의	me 나를
2인칭	you 너는	your 너의	you 너를
3인칭	he 그는	his 그의	him 그를
	she 그녀는	her 그녀의	her 그녀를
	it 그것은	its 그것의	it 그것을

복수	주격	소유격	목적격
1인칭	we 우리들은	our 우리들의	us 우리들을
2인칭	you 너희들은	your 너희들의	you 너희들을
3인칭	they 그(것)들은	their 그(것)들의	them 그(것)들을

B

단수	주격	소유격	목적격
1인칭	I 나는	my 나의	me 나를
2인칭	you 너는	your 너의	you 너를
3인칭	he 그는	his 그의	him 그를
	she 그녀는	her 그녀의	her 그녀를
	it 그것은	its 그것의	it 그것을

복수	주격	소유격	목적격
1인칭	we 우리들은	our 우리들의	us 우리들을
2인칭	you 너희들은	your 너희들의	you 너희들을
3인칭	they 그(것)들은	their 그(것)들의	them 그(것)들을

기초 다지기

p.70~73

A

1 I, You, He, She, We, You, They
2 my, your, his, her, our, your, their

B

1 me, you, him, her, us, you, them
2 his, her, our, their, him, her, us, them

C

1 나는　2 그를　3 그녀를　4 그것의　5 너희들은　6 우리들의
7 그들의　8 나를　9 그의　10 그것을　11 너희들의　12 너를
13 그들을　14 그녀는　15 우리들은　16 그녀의　17 나의
18 그녀를　19 우리들을　20 그들은

D

1 너의　2 그(것)들은　3 나를　4 그녀의　5 그의　6 그(것)들을
7 우리들을　8 그를　9 너희들의　10 우리들은　11 그녀는
12 너는, 너를　13 그것은, 그것을　14 그는　15 너희들을
16 그(것)들의　17 나는　18 나의　19 우리들의　20 그것의

꼭꼭 다지기

p.74~75

A　1 you　2 they　3 its　4 your　5 our
6 them　7 her　8 I　9 he　10 us　11 him
12 his　13 me　14 your　15 their　16 she
17 we　18 you　19 it　20 her

B　1 you　2 me　3 their　4 you　5 my　6 his
7 us　8 I　9 it　10 its　11 he　12 her　13 your
14 them　15 she　16 your　17 we　18 they
19 him　20 her

A 1 their 2 my 3 Our 4 him 5 her
6 She 7 his 8 you 9 Your 10 her

 주어 자리에는 주격이 오고, 동사 다음에 오는 목적어 자리에는
목적격이 들어갑니다. 명사 앞에 인칭대명사가 올 경우에는 소유격이어
야 하며, 뒤의 명사를 꾸며 주는 역할을 합니다.

B 1 me 2 them 3 Your 4 you 5 his
6 She 7 Its 8 him 9 her 10 our

 주어 자리에는 주격이 오고, 동사 다음에 오는 목적격 자리에는
목적어가 들어갑니다. 명사 앞에 인칭대명사가 올 경우에는 소유격이어
야 하며, 뒤의 명사를 꾸며 주는 역할을 합니다.

 be동사

Warm Up p.82~83

A
1 am, are, is, is, is, are, are, are
2 am, are, is, is, are, are, are, are

 be동사는 주어에 따라 각기 다른 be동사를 짝으로 갖습니다. 주
어 I의 짝은 am이며 he, she, it의 짝은 is입니다. we, you, they 등 주
어가 복수인 경우의 짝은 are입니다.

B
1 are, is, are, are, is, are, is, are
2 am, are, is, are, is, are, is, are

 p.84~85

A 1 am 2 is 3 is 4 are 5 is 6 are 7 are
8 is 9 are 10 is

 be동사는 주어에 따라 각기 다른 be동사를 짝으로 가집니다. 주
어 I의 짝은 am이며, he/she/it의 짝은 is입니다. are는 we, you, they
등 주어가 복수인 경우의 짝입니다. 그리고 this, that은 단수명사를 대
신하는 대명사이므로 is를, these, those는 복수 명사를 대신하는 대명사
이므로 are를 사용합니다.

B 1 is 2 are 3 is 4 are 5 are 6 is 7 are
8 is 9 is 10 is

 be동사는 주어에 따라 각기 다른 be동사를 짝으로 가집니다. 주
어 I의 짝은 am이며, he/she/it의 짝은 is입니다. are는 we, you, they,
주어가 복수인 경우의 짝입니다. 그리고 this, that은 단수명사를 대신하
는 대명사이므로 is를, these, those는 복수 명사를 대신하는 대명사이므
로 are를 사용합니다.

 p.86~89

A
1 The students are 2 The orange is
3 These coats are 4 These games are

5 The tea is   6 His daughters are

7 Our teachers are   8 That snake is

9 This bread is   10 Those boys are

 단수 주어를 복수로 바꿀 때는, 동사도 복수형태로 바꾸어야 합니다.

B

1 These beds are   2 Those tables are

3 The cars are   4 These dishes are

5 Your sisters are   6 These boxes are

7 These tomatoes are   8 Those drivers are

9 The windows are   10 The towels are

 단수 주어를 복수로 바꿀 때는, 동사도 복수형태로 바꾸어야 합니다.

C

1 is a sweet candy   2 is a knife

3 are her sons   4 is his bike   5 are bears

6 are boxers   7 are doctors   8 is a lion

9 are dancers   10 are tables

 단수 주어를 복수로 바꿀 때는, 동사도 복수형태로 바꾸어야 합니다. 문장에 주어를 설명하는 명사가 있을 경우에는 이것도 복수로 바꿔 줘야 합니다.

D

1 are good nurses   2 are red eyes

3 are my friends   4 are coats   5 are models

6 are his students   7 are skaters   8 are buildings

9 are trains   10 are chairs

 단수 주어를 복수로 바꿀 때는, 동사도 복수형태로 바꾸어야 합니다. 문장에 주어를 설명하는 명사가 있을 경우에는 이것도 복수로 바꿔 줘야 합니다.

 p.90~91

A

1 These are clean cups.

2 They are your uncles.

3 They are candies.

4 They are runners.

5 Those are my short skirts.

6 These are her caps.

7 You are nice teachers.

8 They are delicious hamburgers.

9 Those are toys.

10 We are scientists.

 단수 주어를 복수로 바꿀 때는, 동사도 복수형태로 바꾸어야 합니다. 문장에 주어를 설명하는 명사가 있을 경우에는 이것도 복수로 바꿔 줘야 합니다.

B

1 They are pretty girls.

2 My brothers are soccer players.

3 Those are his pencils.

4 We are cashiers.

5 These are fresh apples.

6 The girls are his daughters.

7 They are her vests.

8 Those boys are singers.

9 They are actors.

10 These are old computers.

 단수 주어를 복수로 바꿀 때는, 동사도 복수형태로 바꾸어야 합니다. 문장에 주어를 설명하는 명사가 있을 경우에는 이것도 복수로 바꿔 줘야 합니다.

Review Test 2   p.92~97

Unit 4

01

1 you   2 they   3 those   4 they   5 they

6 these   7 we

02

1 those 저것들은   2 they 그들은   3 they 그(녀)들은

4 we 우리들은   5 they 그것들은   6 you 너희들은

7 these 이것들은

03

1 those dolls   2 the wolves   3 these pictures

4 those cows   5 these foxes

1 the leaves 2 these houses 3 those cats
4 the balls 5 these pencils 6 those girls
7 those bowls 8 these lions 9 the bikes
10 those horses

Unit 5

01

1 you 2 their 3 my 4 her 5 our 6 them
7 her 8 its 9 him 10 we

02

1 your 2 me 3 they 4 she 5 us 6 his 7 it
8 you 9 your 10 our

03

1 them 2 her 3 our 4 his 5 your

04

1 him 2 Its 3 us 4 her 5 our

Unit 6

01

1 are 2 is 3 are 4 are 5 is

02

1 am 2 is 3 is 4 are 5 is

03

1 are my hats 2 These bananas are
3 are tigers 4 These books are
5 is an old umbrella

04

1 are kind doctors 2 These houses are
3 are round tables 4 The skirts are
5 are clean dishes

07 be동사의 부정문과 의문문

Warm Up p.102~103

A 1 am not 2 are not 3 is not 4 is not
5 is not 6 are not 7 are not 8 are not
9 is not 10 is not 11 are not 12 are not

해설 be동사의 부정문은 be동사 뒤에 not만 붙이면 됩니다.

B 1 Am I 2 Are you 3 Is he 4 Is she 5 Is it
6 Are we 7 Are you 8 Are they 9 Is this
10 Is that 11 Are these 12 Are those

해설 be동사의 의문문은 be동사와 주어의 위치를 바꾸고, 문장 뒤에 물음표(?)를 붙이면 됩니다.

기초 다지기 p.104~105

A 1 you're 2 I'm 3 she's 4 we're 5 it's
6 they're 7 he's 8 isn't 9 aren't 10 that's

해설 두 단어를 하나로 줄이기 위해서 찰자 하나를 빼고 생략부호(')로 대신합니다. ex. are + not = aren't.
are와 not이 만날 때 not에서 생략된 o대신 '표를 썼다고 생각하세요.

B 1 You're 2 That's 3 She's 4 It's 5 He's
6 aren't 7 I'm 8 We're 9 isn't 10 They're

해설 두 단어를 하나로 줄이기 위해서 찰자 하나를 빼고 생략부호(')로 대신합니다. ex. are + not = aren't.
are와 not이 만날 때 not에서 생략된 o대신 '표를 썼다고 생각하세요.

꼭꼭 다지기 p.106~107

A

1 They aren't 2 That isn't
3 These girls aren't 4 She isn't
5 Those cups aren't

1 Are you　　　**2** Is he
3 Are they　　　**4** Is it
5 Are Joe and Sally

 be동사의 부정문은 be동사 뒤에 not만 붙이면 됩니다. be동사의 의문문은 be동사와 주어의 위치를 바꾸고, 문장 뒤에 물음표(?)를 붙이면 됩니다.

B　**1** Is she　**2** He is not　**3** This question is not
4 Is that　**5** My parents are not　**6** Is his son
7 Are they　**8** We are not　**9** The house is not
10 Are those

 be동사의 부정문은 be동사 뒤에 not만 붙이면 됩니다. be동사의 의문문은 be동사와 주어의 위치를 바꾸고, 문장 뒤에 물음표(?)를 붙이면 됩니다.

실력 다지기

p.108~109

A　**1** you are　**2** we are　**3** it isn't　**4** she is
5 they aren't　**6** you aren't　**7** I am　**8** they aren't
9 it is　**10** it isn't

 의문문의 대답은 Yes나 No로 하고, be동사를 사용해서 대답합니다. 여기서 중요한 것은 I(we)로 물으면 you로, you로 물으면 I(we)로 it, this, that으로 물으면 it으로, these, those, they로 물으면 they로 대답하는 것입니다.

B　**1** he is　**2** they are　**3** you aren't　**4** we are
5 they aren't　**6** he isn't　**7** it is　**8** I'm not
9 she is　**10** you aren't

 의문문의 대답은 Yes나 No로 하고, be동사를 사용해서 대답합니다. 여기서 중요한 것은 I(we)로 물으면 you로, you로 물으면 I(we)로 it, this, that으로 물으면 it으로, these, those, they로 물으면 they로 대답하는 것입니다.

 **일반동사**

Warm Up

p.114~115

A

1 주어 : My baby,　동사 : cries, 3인칭 단수
2 주어 : We,　동사 : call, 1인칭 복수
3 주어 : They,　동사 : sleep, 3인칭 복수
4 주어 : She,　동사 : looks, 3인칭 단수
5 주어 : Those girls,　동사 : smile, 3인칭 복수
6 주어 : He and his son,　동사 : take, 3인칭 복수
7 주어 : Ann and Mary,　동사 : enjoy, 3인칭 복수
8 주어 : School,　동사 : begins, 3인칭 단수
9 주어 : Our school,　동사 : has, 3인칭 단수
10 주어 : The old woman,　동사 : walks, 3인칭 단수

 1인칭은 I(we), 2인칭은 you, 1인칭과 2인칭을 뺀 나머지를 3인칭이라고 하며, 주어 바로 뒤에 동사가 옵니다.

B　**1** runs　**2** works　**3** takes　**4** likes　**5** buys
6 enjoys　**7** cries　**8** tries　**9** flies　**10** studies
11 carries　**12** marries　**13** kisses　**14** passes
15 mixes　**16** fixes　**17** teaches　**18** catches
19 does　**20** has

 주어가 3인칭 단수일 때 일반동사는 대개 보통 동사엔 +s, '자음+y'일 땐 +ies를 쓰며, ss, x, sh, ch에는 +es를 씁니다. 그리고 예외적인 경우로 goes(go), does(do), has(have)등이 있습니다.

기초 다지기

p.116~119

A

1 D/runs, walks, likes, works, eats, makes
2 C/dries, studies, cries
3 A/misses, kisses, fixes, washes, teaches, catches
4 B/goes, has, does

 주어가 3인칭 단수일 때 일반동사는 대개 보통 동사엔 +s, '자음+y'일 땐 +ies를 쓰며, ss, x, sh, ch에는 +es를 씁니다. 그리고 예외적인 경우로 goes(go), does(do), has(have)등이 있습니다.

B

1 work, work, works, works, works, work, work, work

2 drink, drink, drinks, drinks, drinks, drink, drink, drink

해설 주어가 3인칭 단수일 때, work, drink와 같은 일반동사 뒤에는 s를 붙이며, 1인칭 단수/복수, 2인칭 단수/복수, 3인칭 복수일 때는 s를 붙이지 않습니다.

C

1 stops 2 buys 3 goes 4 has 5 says
6 cooks 7 cries 8 pushes 9 studies 10 kisses
11 passes 12 comes 13 takes 14 mixes
15 does 16 tries 17 plays 18 meets 19 reads
20 watches

해설 주어가 3인칭 단수일 때 일반동사는 대개 보통 동사엔 +s, '자음+y'일 땐 +ies를 쓰며, ss, x, sh, ch에는 +es를 씁니다. 그리고 예외적인 경우로 goes(go), does(do), has(have)등이 있습니다.

D

1 catch/catches 2 play/plays
3 enjoy/enjoys 4 turn/turns 5 make/makes
6 read/reads 7 have/has 8 carry/carries
9 jump/jumps 10 wax/waxes 11 sit/sits
12 fly/flies 13 write/writes 14 fry/fries
15 brush/brushes 16 pay/pays 17 fix/fixes
18 push/pushes 19 kiss/kisses 20 miss/misses

해설 주어가 3인칭 단수일 때 일반동사는 대개 보통 동사엔 +s, '자음+y'일 땐 +ies를 쓰며, ss, x, sh, ch에는 +es를 씁니다. 그리고 예외적인 경우로 goes(go), does(do), has(have)등이 있습니다.

꼭꼭 다지기   p.120~123

A

1 enjoys 2 washes 3 teaches 4 goes
5 fixes 6 flies 7 passes 8 works 9 finishes
10 has 11 stays 12 sleeps 13 likes 14 does
15 dries 16 carries 17 eats 18 mixes
19 knows 20 matches

해설 주어가 3인칭 단수일 때 일반동사는 대개 보통 동사엔 +s, '자음+y'일 땐 +ies를 쓰며, ss, x, sh, ch에는 +es를 씁니다. 그리고 예외적인 경우로 goes(go), does(do), has(have)등이 있습니다.

B

1 listen/listens 2 cry/cries 3 cut/cuts
4 do/does 5 catch/catches 6 study/studies
7 learn/learns 8 buy/buys 9 see/sees
10 love/loves 11 look/looks 12 cry/cries
13 fix/fixes 14 play/plays 15 walk/walks
16 watch/watches 17 fry/fries 18 chat/chats
19 use/uses 20 miss/misses

해설 주어가 3인칭 단수일 때 일반동사는 대개 보통 동사엔 +s, '자음+y'일 땐 +ies를 쓰며, ss, x, sh, ch에는 +es를 씁니다. 그리고 예외적인 경우로 goes(go), does(do), has(have)등이 있습니다.

C

1 He, drives, 3인칭 단수
2 Mina, invites, 3인칭 단수
3 We, have, 1인칭 복수
4 They, do, 3인칭 복수
5 I, pray, 1인칭 단수
6 Cathy and Daniel, pass, 3인칭 복수
7 She, marries, 3인칭 단수
8 You, run, 2인칭 단수 (복수)
9 Joshep, reads, 3인칭 단수
10 Our baby, cries, 3인칭 단수

해설 주어가 1, 2인칭이거나 복수인 경우는 동사원형 그대로, 3인칭 단수일 경우는 '-(e)s'가 붙은 형태를 사용합니다.

D

1 Sujin and Bill, work, 3인칭 복수
2 It, rains, 3인칭 단수
3 A lot of people, walk, 3인칭 복수
4 You, help, 2인칭 복수
5 The boys, fly, 3인칭 복수
6 He, gets, 3인칭 단수
7 She, has, 3인칭 단수
8 My cousins, visit, 3인칭 복수
9 We, sing, 1인칭 복수
10 They, sit, 3인칭 복수

A

1 The student, finishes 2 My son, goes
3 She and I, do 4 That boy, fixes
5 Liz and he, make 6 My friend, misses
7 My father, sells 8 Tom, watches
9 My friends, know 10 The girl, comes

 주어가 3인칭 단수일 때 일반동사는 대개 보통 동사엔 +s, '자음 +y'일 땐 +ies를 쓰며, ss, x, sh, ch에는 +es를 씁니다. 그리고 예외적인 경우로 goes(go), does(do), has(have)등이 있습니다.

B

1 My sister, fries 2 She, has
3 They, study 4 A frog, jumps
5 I, live 6 They, change
7 He, plays 8 Kate, stands
9 We, see 10 He, washes

주어가 3인칭 단수일 때 일반동사는 대개 보통 동사엔 +s, '자음 +y'일 땐 +ies를 쓰며, ss, x, sh, ch에는 +es를 씁니다. 그리고 예외적인 경우로 goes(go), does(do), has(have)등이 있습니다.

---

09 일반동사의 부정문과 의문문

Warm Up p.130~131

A
1 don't 2 don't 3 doesn't 4 doesn't
5 doesn't 6 don't 7 don't 8 don't 9 doesn't
10 don't 11 doesn't 12 don't

 일반동사의 부정문은 don't나 doesn't를 일반동사 바로 앞에 붙여서 만듭니다.

B
1 Do 2 Do 3 Does 4 Does 5 Does
6 Do 7 Do 8 Do 9 Does 10 Do 11 Does
12 Do

일반동사의 의문문은 주어 앞에 Do나 Does를 붙이고, 문장 뒤에 물음표(?)를 붙여 주면 됩니다.

기초다지기 p.132~133

A

1 They, don't, sing, 3인칭 복수
2 Christie, doesn't, tell, 3인칭 단수
3 She, doesn't, write, 3인칭 단수
4 It, doesn't, start, 3인칭 단수
5 He and I, don't, have, 1인칭 복수
6 He, doesn't, drive, 3인칭 단수
7 She, doesn't, do, 3인칭 단수
8 The babies, don't, smile, 3인칭 복수
9 My cell phone, doesn't, work, 3인칭 단수
10 We, don't, arrive, 1인칭 복수

주어가 1인칭, 2인칭 단수, 복수인 경우와 3인칭 복수인 경우 주어 뒤에 don't를 쓰고, 주어가 3인칭 단수일 경우 doesn't를 씁니다. 이 때는 동사에 있는 s를 떼고 동사원형을 써야 합니다.

B

1 he and you, Do, travel, 2인칭 복수
> 주어에 3인칭 단수 he가 있어도 2인칭 대명사 you와 함께 있으므로 2인칭 복수가 됩니다.

2 they, Do, use, 3인칭 복수
3 her son, Does, watch, 3인칭 단수
4 Susan, Does, play, 3인칭 단수
5 your teacher, Does, meet, 3인칭 단수
6 you, Do, leave, 2인칭 단수
7 your brother, Does, sleep, 3인칭 단수
8 the students, Do, learn, 3인칭 복수
9 soccer players, Do, drink, 3인칭 복수
10 Tommy, Does, buy, 3인칭 단수

해설 일반동사의 의문문은 주어가 1, 2인칭이거나 복수일 경우 Do, 3인칭 단수일 경우에는 Does를 주어 앞에 붙이고 뒤에 나오는 동사는 동사원형을 쓰고, 문장 뒤에 물음표(?)를 붙여 주면 됩니다.

꼭꼭 다지기
p.134~135

A **1** doesn't clean **2** don't laugh
3 doesn't finish **4** don't wax **5** doesn't marry
6 don't stay **7** doesn't kiss **8** doesn't cook
9 don't carry **10** doesn't wear

해설 주어가 1인칭, 2인칭 단수, 복수인 경우와 3인칭 복수인 경우 주어 뒤에 don't를 쓰고, 주어가 3인칭 단수일 경우 doesn't를 씁니다. 이 때는 동사에 있는 s를 떼고 동사원형을 써야 합니다.

B **1** Does, wait **2** Do, take **3** Does, buy
4 Do, cry **5** Does, keep **6** Do, send **7** Does, talk
8 Do, win **9** Do, paint **10** Does, do

해설 일반동사의 의문문은 주어가 1, 2인칭이거나 복수일 경우 Do, 3인칭 단수일 경우에는 Does를 주어 앞에 붙이고 뒤에 나오는 동사는 동사원형을 쓰고, 문장 뒤에 물음표(?)를 붙여 주면 됩니다.

실력 다지기

p.136~137

A
1 Does she turn
2 He doesn't like
3 Does the boy bring
4 The girl doesn't pass
5 Do those girls meet
6 Mom doesn't have
7 Do they sit
8 We don't leave
9 My friends don't play
10 Does she put on

해설 부정문을 만들 때에는 주어가 1,2인칭 단수, 복수인 경우와 3인칭 복수인 경우 주어 뒤에 don't를 쓰고, 주어가 3인칭 단수인 경우 doesn't를 씁니다. 이 때 동사는 s를 떼고 동사원형을 써 주어야 합니다. 의문문을 만들 때는 주어가 1인칭, 2인칭, 복수인 경우 주어 앞에 Do를 붙이고, 주어가 3인칭 단수인 경우, 주어 앞에 Does를 붙입니다. 이 때 동사는 s를 떼고 동사원형을 써 주어야 합니다.

B **1** I do **2** she does **3** he doesn't
4 he does **5** she doesn't **6** they don't
7 they do **8** he doesn't **9** we do
10 she doesn't

해설 의문문의 대답은 Yes나 No로 하고, 동사는 do나 does를 사용합니다. 대답을 No라고 할 때는 do나 does뒤에 not을 쓰면 됩니다.

10 형용사

Warm Up
p.142~143

A
1 큰 2 작은 3 추운, 차가운 4 느린 5 키가 큰
6 키가 작은, 짧은 7 오래 된, 나이 든 8 나쁜 9 좋은, 착한
10 더운, 뜨거운 11 예쁜 12 배부른 13 배고픈 14 새로운
15 높은 16 못생긴 17 빠른 18 낮은 19 긴 20 약한

 형용사는 명사의 생김새나 성질을 좀 더 자세하게 설명해주는 말입니다.

B 1 long 2 short 3 high 4 bad 5 fast
6 small 7 tall 8 new 9 hungry 10 ugly
11 good 12 weak 13 happy 14 slow
15 pretty 16 low 17 cold 18 short 19 old
20 hot

기초 다지기
p.144~145

A

1 a cute boy   2 a green apple
3 a high building 4 the low chair
5 a tall man

B

1 the big house   2 an old umbrella
3 a white egg   4 the beautiful door
5 a cold day

 형용사는 명사 바로 앞에 와서 명사를 구체적으로 설명해 줍니다.

C

1 a very sad cat   2 a very old elephant
3 too much money   4 the very pretty girl
5 a very big ox

D

1 a very fresh melon   2 a very hungry fox
3 too many books   4 a very fast airplane
5 too little sugar

 very와 같은 부사는 형용사를 좀 더 구체적으로 설명해 주고, 위치는 관사와 형용사 사이에 위치합니다.

꼭꼭 다지기
p.146~147

A

1 my good daughter   2 his new umbrella
3 their blue coats   4 her short story
5 our nice balls

B

1 your five onions   2 their old truck
3 his wonderful painting 4 our pink dresses
5 my new book

 소유격과 형용사가 함께 명사 앞에 오면 '소유격 + 형용사 + 명사'의 어순이 되며, 이때 관사는 쓰지 않습니다.

C

1 my best friend   2 a very pretty singer
3 my white socks   4 very fresh carrots
5 her big shirts   6 a fine story
7 a very cute child   8 her small dolls
9 very delicious chocolate 10 a very smart boy

 소유격과 형용사가 함께 명사 앞에 오면 '소유격 + 형용사 + 명사'의 어순이 됩니다. very와 같은 부사는 형용사를 좀 더 구체적으로 설명해 주며 그 위치는 '관사 + 부사 + 형용사 + 명사'가 됩니다.

A 1 이다, are small 2 느린, is slow 3 이다, are old
4 배고픈, is hungry 5 이다, is long 6 빠른, are fast
7 이다, are beautiful 8 못 생긴, are ugly
9 배부른, is full 10 이다, is cloudy

해설 '잘생겼다'라는 말은 동사가 아니고 '잘생긴'이라는 형용사에 '이
다'라는 be동사가 합쳐진 말입니다. 우리 말에선 '잘생긴 + 이다' 이지만,
영어의 어순은 'be동사 + 형용사'이므로 '이다 + 잘생긴'이 됩니다.

B

1 이다. 멋진. are nice 2 이다. 짧은. are short
3 이다. 바쁜. are busy 4 이다. 큰. is big
5 이다. 낮은. is low 6 이다. 찬. is cold
7 이다. 빨간색의. are red 8 이다. 멋진. is nice
9 이다. 비가 오는. is rainy 10 이다. 키가 큰. am tall

해설 '잘생겼다'라는 말은 동사가 아니고 '잘생긴'이라는 형용사에 '이
다'라는 be동사가 합쳐진 말입니다. 우리 말에선 '잘생긴 + 이다' 이지만,
영어의 어순은 'be동사 + 형용사'이므로 '이다 + 잘생긴'이 됩니다.

Review Test 3

Unit 7

01
1 You aren't lazy. 2 This isn't right.
3 I'm not weak. 4 They aren't in Seoul.
5 He isn't a bus driver.

02
1 Is that our school? 2 Are you healthy?
3 Is the game exciting? 4 Is she a pianist?
5 Is he a nice guy?

03
1 it is 2 you aren't 3 she is 4 he isn't
5 we are 6 they aren't 7 he is 8 they aren't
9 you are 10 it isn't

Unit 8

01
1 play 2 passes 3 have 4 drink 5 has
6 teaches 7 sleep 8 sing 9 takes 10 study

02
1 has 2 speak 3 read 4 cries 5 finish 6 sit
7 calls 8 meet 9 love 10 buys

Unit 9

01
1 He doesn't drive a taxi.
2 She doesn't like an onion.
3 Jim and Bill don't play soccer.
4 We don't go to school by subway.
5 These girls don't cook dinner.

02
1 Do they like the dancer?
2 Does a man walk to the library?
3 Do you send e-mails?
4 Does she work at night?
5 Do Tom and Jane listen to music?

03
1 she does 2 I(we) don't 3 he does 4 you
don't 5 it does 6 they don't 7 I(we) don't
8 it does 9 they do 10 it doesn't

Unit 10

01
1 a green dress 2 a very famous golfer
3 my cute kittens 4 his nice car
5 very good boys

02
1 이다. are bad 2 키가 큰. is tall 3 이다. is soft
4 뜨거운. is hot 5 이다. are sweet

03
1 a black dog 2 is hungry 3 An old taxi
4 are warm 5 Her ugly cat 6 is too short
7 These white eggs are 8 the high building
9 his new cell phone 10 is too small

01 i, o, a, e   **02** I(we) do   **03** ③   **04** ②   **05** ②

06 ①   **07** ③   **08** Are you   **09** ③   **10** ③

11 tall, sweet   **12** potatoes, flies, knives

13 ②   **14** ②   **15** ②   **16** ①   **17** doesn't study

18 ①   **19** ③   **20** ③   **21** ③   **22** ②

23 These aren't my desk and chair

24 ②   **25** My friend has a dog.

02 you로 물으면, I로 대답합니다.

04 ② 복수명사 앞에는 a(an)을 붙이지 않습니다.

07 you의 복수는 you입니다.

08 be동사의 의문문은 be동사가 주어 앞으로 나오면 됩니다.

10 ③ 3인칭 단수는 does를 이용하여 의문문을 만듭니다.

15 셀 수 없는 명사는 is를 써야 합니다.

16 ② piano → the piano ③ 소유격 앞에는 a를 붙이지 않습니다.

17 3인칭 단수의 부정문은 'doesn't+동사원형'입니다.

18 they(그들은)으로 대답했으니, 물음은 3인칭 복수입니다.

19 kelly와 나는 복수이므로 동사에 e(es)가 붙지 않습니다.

21 ① These cup → This cup ② is → are

22 ①,③은 소유격, ②는 목적격

23 be동사의 부정문은 'be동사+not'입니다.

24 your brother는 he로 받는다.

01 ①   **02** ③   **03** ②   **04** ②   **05** ③   **06** ②

07 ①   **08** ②   **09** ③   **10** short   **11** ①

12 ③   **13** ②   **14** ③   **15** him, his   **16** ③

17 cello, the cello   **18** ②   **19** ②   **20** ③

21 ①   **22** ③   **23** the breakfast, breakfast

24 ②   **25** ②

02 ③s로 끝나는 명사는 es를 붙여 복수를 만듭니다.

03 이미 정해진 명사 앞에는 the를 붙여 준다.

05 is로 물으면 is로 대답합니다.

06 이미 정해진 명사 앞에는 the를 붙여 준다.

08 ② '자음+y'로 끝나는 명사는 y를 지우고 ies를 붙여 복수를 만듭니다.

09 주어가 3인칭 단수일 경우doesn't를 사용합니다.

10 tall의 반대의 의미를 가진 형용사는 short입니다.

12 ③a → an

16 we(우리는)으로 대답했으니, 물음은 you(너희들은)입니다.

17 연주하는 악기 앞에는 the를 붙여야 합니다.

18 Tom은 3인치 단수이므로 doesn't를 써야 합니다.

21 주어+be동사+형용사

22 ③you로 물으면, I로 대답합니다.

23 식사 앞에는 the를 붙이지 않습니다.

25 doesn't+동사원형

MEMO